쿰란과 예수

자물쇠를 채워 단단히 보관해 놓은 진실?

Original title: Qumran und Jesus: Wahrheit unter Verschluss? by Klaus Berger
© 2001 by Gütersloher Verlagshaus
a division of Penguin Random House Verlagsgruppe GmbH, München, Germany.
All rights reserved. No part of this book may be used or reproduced in any manner for the
purpose of training artificial intelligence technologies or systems.
No part of this book may be used or reproduced in any manner
whatever without written permission except in the case of brief quotations embodied in critical articles or reviews.
Korean Translation Copyright © 2025 by Nanumsa Publishing Co.
Korean edition is published by arrangement with Penguin Random House Verlagsgruppe GmbH
through BC Agency, Seoul

이 책의 한국어판 저작권은BC에이전시를 통해 저작권사와 독점 계약을 맺은'나눔사'에 있습니다.
저작권법에 의해 국내에서 보호를 받는 저작물이므로 무단 전재와 복제를 금합니다.

쿰란과 예수
자물쇠를 채워 단단히 보관해 놓은 진실?

지은이·클라우스 베르거
옮긴이·이광진
펴낸이·성상건
편집디자인·자연DPS

펴낸날·2025년 11월 21일
펴낸곳·도서출판 나눔사
주소·(우) 10270 경기도 고양시 덕양구 푸른마을로 15
      301동 1505호
전화·02)359-3429 　팩스 02)355-3429
등록번호·2-489호(1988년 2월 16일)
이메일·nanumsa@hanmail.net

ⓒ 클라우스 베르거, 2025

ISBN 978-89-7027-834-6　03230

값 12,000원
잘못된 책은 바꾸어 드립니다.

[쿰란과 예수]
자물쇠를 채워 단단히 보관해 놓은 진실?

클라우스 베르거 지음
이광진 옮김

나눔사

역자 서문

저자 클라우스 베르거(Klaus Berger, 1940~2020)는 독일 하이델베르크 대학교에서 오랫동안 신약학을 가르친 교수로, 신약성서와 고대 유대교 연구의 권위자입니다. 그는 쿰란 문헌, 초기 기독교 신학사, 양식사, 신약성서 해석학, 바울신학, 요한복음, 예수 연구 등 폭넓은 저술을 통해 학계와 교회 모두에 큰 영향을 끼쳤습니다. 학문적 엄밀성과 동시에 대중을 향한 명료한 설명으로 잘 알려져 있으며, 본서에서도 그 장점을 유감없이 보여줍니다.

사해사본의 발견은 단순한 고고학적 사건을 넘어, 예수 시대 유대교의 삶과 신앙을 깊이 이해할 수 있는 새로운 창을 열어 주었습니다. 그러나 동시에 대중의 호기심을 자극하며 수많은 오해와 과장을 낳기도 했습니다. 대표적인 사례가 두 저널리스트 마이클 베이전트(Michael Baigent)와 리자드 레이(Richard Leigh)가 공저한 The Dead Sea Scroll Deception(우리말로는 『사해사본의 진실』로 번역되었음)입니다. 이 책은 로버트 아이젠만의 급진적 테제를 바탕으로 쿰란과 초기 기독교를 동일시하고, 바울을 로마의 비밀 요원으로 묘사하는 등 자극적인 주장을 내세웠습니다. 베르거 교수는 본서 2장에서 이를 면밀히 검토하며, 이 같은 주장이 얼마나 근거가 빈약하고 논리적 비약에 의존하는지를 차분히 비판합니다.

베르거가 특별히 주목한 것은 아이젠만의 과격한 가설들 입니다. 그는 초기 기독교를 첼롯당과 동일시하고, 예수의 형제 야고보를 쿰란 문서 속 '의의 교사'와 동일한 인물로 보며, 쿰란 공동체를 초기 기독교 원공동체와 동일시합니다. 더 나아가 바울을 로마 제국의 비밀 요원으로 간주하기도 합니다. 이러한 주장은 흥미로울 수 있으나, 역사적 증거보다는 추측과 상상에 크게 의존하고 있습니다. 베르거의 치밀한 반박을 통해 독자는 화려한 주장과 실제 증거 사이의 차이를 분명하게 분간할 수 있게 됩니다.

하지만 베르거의 연구는 단순히 잘못된 이론을 비판하는 데 머물지 않습니다. 그는 쿰란 문헌이 예수 시대 유대교의 다양한 신앙과 분파적 대립을 드러내는 귀중한 자료임을 강조합니다. 특히 베르거는 통상적인 접근보다 더 신중한 방법을 택하여, 쿰란 텍스트들을 단순히 고립된 분파의 산물이 아니라 당시 유대교 전반의 흐름을 전형적으로 보여주는 자료로 평가합니다. 그래야만 쿰란 문헌과 신약 성서 사이에서 나타나는 일치점과 차이점을 올바르게 설명할 수 있기 때문입니다. 그는 예수와 초기 기독교의 관점이 단순히 구약의 해석이나 쿰란의 직접적 영향에서 비롯된 것이 아니라, 동시대 유대교 안에서 다양하게 전개된 해석과 실천의 틀 속에서 형성되었다고 주장합니다.

이 책은 단순히 역사적 사실을 나열하는 데 그치지 않고, 쿰란 문헌과 초기 기독교의 접점을 면밀히 분석하며 그 속에서 오늘날 신앙인이 묵상할 수 있는 통찰도 제공합니다. 예수께서 보여 주신 하나님의 나라 운동은 특정 집단의 경계를 넘어, 정의와 사랑, 자비를 통해 세상을 새롭게 하는 길로 제시됩니다. 쿰란 공동체와 초기 기독교의 유사점과 차이를 살펴보는 것은, 그 메시지가 역사 속에서 어떻게 구체화되었는지를 이해하는 데 도움을 줄 뿐 아니라, 오늘 우리의 삶 속에서 그 의미를 다시 성찰하게 만듭니다.

베르거 교수는 특히 쿰란 텍스트들 가운데 예수의 '하나님의 나라' 개념과 직접적으로 비교할 만한 사상이 없음을 강조합니다. 그러나 공동체 규범, 경건 생활, 찬양과 기도, 회개와 세례 개념 등은 초기 기독교의 신앙적 맥락을 이해하는 중요한 배경을 제공합니다. 또한 쿰란 문헌이 보여주는 '어둠의 아들들'과 '빛의 자녀들'의 이원론석 구분, 옐누 집단적 조직, 새 언약과 부름받은 자들의 사상은, 초기 기독교의 자기 이해를 이해하는 데 귀중한 단서를 제공합니다.

이 책은 단순히 학문적 논쟁을 정리하는 데 그치지 않고, 독자가 역사적 이해와 신앙적 성찰을 동시에 경험할 수 있도록 이끌어 줍니다. 베르거는 지나친 상상이나 자극적인 가설이 아니라, 차분하고 정직한 학문적 탐구를 통해 예수와 초기 기독교의 진실한 모습을 보여 주고자 합니다. 그러한 태도야말로 오늘 우리에게 필요한 신앙적 지성의 모범일 것입니다.

이 책이 한국 독자들에게 쿰란 문헌과 예수, 그리고 초기 기독교의 관계를 올바르게 이해하는 길잡이가 되기를 바랍니다. 동시에, 역사를 올바로 아는 것이 신앙을 더욱 깊고 풍성하게 만든다는 사실을 깨닫게 해 줄 것을 기대합니다.

끝으로, 이 번역서의 출간을 위해 힘써 준 한양대학교 교목실장 이천진 목사님과 기꺼이 출간을 허락해 주신 나눔사의 성상건 대표님께 깊은 감사의 마음을 전합니다.

2025년 가을
역자의 서재에서

목차

역자 서문   5
쿰란과 신비스러운 두루마리들   12
   - 서론 : 스릴러물
I. 오늘날의 쿰란 발굴물들   17
   - 첫 번째 스캔들
   - 두 번째 스캔들
   - 세 번째 스캔들
II. 로버트 아이젠만(Robert Eisenman)의 의심스러운 테제들   26
   - 바울은 하나님을 만든 자였나?
   - 바울은 로마의 협력자요 이중간첩이었나?
   - 다마스쿠스로서의 쿰란?
   - 바울은 예수의 적대자였는가?
   - 예수와 첫 번째 그리스도인들은 첼롯당원들이었나?
   - 첼롯당원으로서의 유대인 그룹들?
   - 쿰란의 거주자들은 기독교 원공동체였는가?
   - 주의 형제 야고보는 '의의 교사'였는가?
   - 바울과 야고보는 불구대천의 원수였나?
   - 쿰란의 신약성서 텍스트들?

III. 쿰란의 사람들은 누구였는가?   51
- 오래된 합의
- 더 신중한 방법
- 쿰란의 거주자들

쿰란과 신약성서   70
IV. 신앙에 대한 위협?
V. '공동체'의 조직   80
- 거룩한 집으로서의 공동체
- 12인 협의체
- 진영
- 광야에서의 주의 길
- 세례와 잠수 목욕
- 만찬
- 파문
- 오직 한 아내와 살기

VI. 종교적 실천   105
- 안식일에 생명 구하기
- 심령이 가난한 사람들
- 부르심을 받은 사람들
- 힘센 자를 결박하기
- 기도의 실천
- 예수의 세례와 변모에 대하여

VII. 메시아   120
- 메시아와 하나님의 아들
- 메시아의 때와 죽은 자의 부활

- 메시아와 왕
- 서로 다른 기대들
- 아론과 이스라엘의 기름 부음을 받은 자
- 성전 두루마리에 의한 십자가형(刑)
- 다윗의 자손
- 요한적 그리스도에 대한 새로운 암시
- 아담과 그리스도

VIII. 어둠의 아들들과 빛의 자녀들
– 쿰란 텍스트들에 의한 '하나님 앞에서의 인간'   138
- 성탄 이야기 속 한 장면
- 빛의 자녀들
- 새 언약
- 성령
- 죄와 칭의
- 믿음

IX. 세계의 종말과 새 예루살렘   160

X. 결론: 쿰란 텍스트들은 어떤 새로운 것을 제공하는가?   165
- 쿰란 텍스들의 특성
- 쿰란에 없었던 것들
- 신약성서와의 주요 접점
- 맺음말

약어 목록   172

쿰란과 신비스러운 두루마리들

서론 : 스릴러물

이것은 실로 전례 없는 성공이다. 최근 수십 년 동안 종교적 주제를 다룬 어떤 책도 이처럼 광범위한 영향을 끼친 적은 없었다. 그러나 놀랍게도, 전문가들의 평가는 거의 예외 없이 매우 부정적이다.

내가 지금 말하고자 하는 책은 마이클 베이전트(M. Baigent)와 리차드 레이(R. Leigh)의 The Dead Sea Scrolls Deception (New York : Summit Books, 1992)이다(역자 주 : 이 책은 우리말로는 『사해사본의 진실』(김문호 옮김, 서울 : 위즈덤하우스, 2007)로 출간되었다). 또 다른 관련 도서로는 R. 아이젠만(R. Eisenman)과 M. 와이즈(M. Wise)의 The Dead Sea Scrolls Uncovered (Rockport, Mass. : Element Books, 1992)가 있다. 이 책 역시 같은 노선을 따르며, 지금까지 공개되지 않았던 50편의 쿰란 핵심 텍스트들을 소개한다.

이 두 책은 로버트 아이젠만의 이론과 주장으로 가득 차 있으며, 예수와는 직접적인 관련이 거의 없다. 그럼에도 불구하고 '예수의 이름'과 '비밀이 드러나는 이야기'라는 선전만으로도 이미 베스트셀러가 되기에 충분했다.

만약 우리가 비 오는 날 임간(林間) 학교에서 10~14세 어린이들과 시간을 보내야 하며, 그들에게 흥미진진한 이야기를 들려주어야 하는 상황에 처해 있다면, 다음과 같은 요소들이 필수적일 것이다. 음모, 남성 중심의 비밀 결사대, 안개처럼 베일에 싸인 국제 사령부, CIA, 종교재판소(지금은 베일에 가려 있지만 그래서 더 자극적이다), 실종된 비밀 통로들, 수수께끼 같은 무덤들, 위조된 문서들(충분히 의심을 자아낼 수 있는), 해독해야 할 암호문, 소수의 악당들, 진리를 위해 싸우는 냉철하고 고결한 고독한 인물들, 두 명의 베일에 싸인 살인자, 그리고 아직은 본색을 드러내지 않았지만 언젠가는 드러낼, 정체불명의 이중간첩 등이다. 안타깝게도 성적인 요소는 전무한데, 이는 어린이 독자들을 고려해 과감히 포기된 듯하다. 결국 이것은 순전히 남성들의 이야기다.

베이전트와 레이의 책은 이러한 구성 요소들을 엮어, 서로 다른 두 시대(초기 기독교와 쿰란 문서의 현대적 출판 역사)에서 벌어지는 하나의 거대한 스릴러물을 창조해냈다. 국제 쿰란 문서 편집자 위원회가 음모의 중심이다. 비밀 결사대는 예루살렘에 있는 프랑스 가톨릭 성서연구소(Ecole Biblique)이고, 사령부는 바티칸, 적절한 시점에 CIA가 개입한다. 라칭어(Ratzinger) 추기경이 종교재판을 이끌고, 바티칸에는 비밀 통로가 있으며, 쿰란에는 숨겨진 무덤들이 존재한다. 두루마리들은 문서로 제시되지만, 종교재판소에 의해 위조된다. 해독 대상은 쿰란 제1동굴에서 발견된 하박국 주석서다. 이 와중에 야고보와 바울의 사상도 언급된다. 악당으로는 주로 도미니코회 신부 R. 드 보(R. de Vaux)와 J. T. 밀리크(J. T. Milik)가 등장하며, 진실을 향한 용기를 지닌 고독한 인물로는 존 알레그로(John Allegro)(그의 미망인은 작가들에게 삼류 학문 가십거리를 아낌없이 흘려주었다)와 로버트 아이젠만(Robert Eisenman)이라는 인물이 있다. 점령 세력과 결탁한 사제 조직의 이름으로 벌어진 수수께끼 같은 살인 사건의 희생자는 스데반과 야고보다. 그리고 마침내, 클라이맥스에서 사도 바울이 이중간첩이라는 정체를 드러낸다. 이 전체 각본에서 가장 경멸스러운 인물로 바울이 설정되어 있다는 것은 명백하다.

이 모든 것은 진지하게 받아들일 수도, 그렇게 다뤄질 수도 없다(작가들이 원고를 마무리하며 얼마나 고소했을지 상상해보라). 그럼에도 불구하고, 부제는 "The Qumran Scrolls and the Truth about Early Christianity" (쿰란 두루마리와 초기 기독교에 관한 진실)다. 이것 역시 범죄 스릴러의 전형적인 부제처럼 보인다: '존 X에 관한 진실'과 같은 식이다. 문제는 이것이 단순한 스릴러물이 아니라는 데 있다.

이 책이 전문서처럼 출간되고, 반(反)교회 정서가 강한 시대 분위기 속에서 널리 퍼질 때, 이 흥미로운 이야기는 다양한 방식으로 광범위한 영향을 끼친다. 독자들은 단지 흥미 위주로 이 책들을 읽는 것이 아니라, 쿰란 발굴물이나 초기 기독교라는 폐쇄적이고 생소한 세계에 대해 새로운 관심을 갖게 된다. 특히, 선과 악, 악당과 영웅을 명확히 구분하는 스릴러물의 고전적 도덕관을, 오랫동안 비밀을 간직해온 불편한 존재인 교회(여기서는 가톨릭 교회)에 적용하려는 유혹이 존재한다. 특히 쿰란 텍스트들의 출판이 납득하기 어려울 정도로 오랫동안 지연되었기 때문에, "거기에는 뭔가 있을 것이다"라는 심리가 작동한다.

스릴러물의 무대로는 광대한 관료조직을 가진 루터교 주교회들보다, 신비로 가득한 바티칸이 훨씬 더 적합하다. 그래서 메르츠(M. Merz)는 이 책에 대한 서평에서 다음과 같이 결론짓는다:

"역사적 지하 감옥이 있는 로마의 산성 요새는 이와 같은 이야기 소재에 매우 잘 어울린다. 이에 반해, 회의체 중심의 루터교는 형사소설 관점에서 보자면 지루하기만 하다. 따라서 로마를 배경으로 한 이 책이 큰 관심을 끄는 것은 당연한 귀결이며, 결국 이것은 다음과 같은 결론으로 이어진다 : 체제를 절대 바꾸지 말라! 판매 성공이, 마치 교회가 역사적 오류로 이미 끝

장났다는 식의 기자들의 상투적 문장을 무너뜨리는 듯하다. 교회는 여전히 사람들의 마음을 사로잡고, 지성을 자극하며, 출판사의 금고를 가득 채우고 있다."(Die Zeit, 1992년 8월 28일)

이런 의미에서 앞서 언급한 책은, 그 저자들의 의도와는 반대로, 쿰란 발굴물과 초기 기독교 역사에 대한 대중의 뜨거운 관심을 불러일으켰다. 열광적인 설교자도, 용감한 교회 저항 운동가도, 영웅적인 수녀도 이루지 못했던 성과다. 이제 모든 목회자와 종교 교사들이 꿈꾸던 바가 실현되었다. 많은 사람이 기독교의 기원에 진지한 관심을 가지기 시작한 것이다.

우리는 이 관심에 진지하게 응답해야 한다. 따라서 이 책에서는 먼저 쿰란 발굴물에 대한 연구 및 수용의 현황을 살펴볼 것이다. 이어서 위에서 언급한 책들이 제기한 초기 기독교 역사에 관한 질문들을 다루고자 한다. 마지막으로, 쿰란 텍스트들과 초기 기독교 사이에 존재하는 내적인 밀접한 관계라는, 이 주제의 가장 크고 중대한 문제를 논의할 것이다.

Ⅰ. 오늘날의 쿰란 발굴물들

첫 번째 스캔들

과거에도 있었고 지금도 계속되고 있는 스캔들이 있다. 점점 더 확대되어 온 중대한 문제다. 1947년 쿰란에서 두루마리들이 발견된 지 45년이 지난 1992년까지도 쿰란 발굴물의 상당 부분, 약 20%가 여전히 출판되지 않은 상태였다. 최근에 이르러서야, 비공식적이고 우회적인 경로를 통해 지금까지 공개되지 않았던 수많은 텍스트 판본들이 내 책상 위에 도착하게 되었다. 이 판본들은 국제 사회의 엄청난 압력 아래에서 간신히 모습을 드러낸 것이며, 아직도 법적으로 판권 보호를 받지 못하고 있는 것으로 보인다.

나는 1979년, 쿰란 동굴에서 유대교의 위경 문헌 중 하나인 『희년서』가 방대한 증거와 함께 발견된 이후, 그 번역과 주석 작업을 맡게 되었다. 그 당시 나는 나머지 쿰란 문서들의 임시 보관인이었던 밀릭(J. T. Milik, 파리 거주)에게 두 달 간격으로 세 차례나 편지를 보내 동료 학자로서 도움을 요청했지만, 끝내 아무런 답신도 받지 못했다. 이러한 경험은 쿰란 문서를 다루는 내부 집단, 즉 일종의 '성배의 수호자'들에 속하지 않은 이들 모두가 비슷한 대우를 받는다는 인상을 주었다. 이 '수호자들'은 말 그대로 자신들의 단편 위에 '걸터앉아' 있는 셈이며, 오직 죽음만이 그들을 그 단편들로부터 떼어놓을 수 있을 것이다.

게다가 가장 핵심적인 텍스트 출판자들 중 일부는 개인적으로 불행한 길을 걸었다. 그들은 알코올 중독자가 되었고, 정신적인 문제를 겪었으며, 자신이 속한 수도회를 떠났고, (가톨릭)교회와도 등을 돌렸으며, 사제임에도 불구하고 결혼했다. 이들 중 한 명은 생의 말년에 책을 한 권 썼는데, 그 안에서 그는 초기 기독교가 독버섯 같은 존재들에게서 기원했다고 주장하기까지 했다. 이들 대부분은 학문적으로 불임 상태에 빠졌으며, 지금도 그 상태를 벗어나지 못하고 있다. 아니다, 그들을 방해한 것은 바티칸의 종교재판소가 아니라, 쇠약해진 탐구 정신과 귀족적인 냉소(그리고 교만함) 그 자체였다.

그럼에도 불구하고 이제 곧 모든 텍스트들이 간행될 것이다. 한때 지하출판물처럼 비공식적으로 다루어졌던 시기는 이제 끝이 났다. 하지만 이미 성서는 마지막 스캔들이 첫 번째 것보다 더 클 것이라고 예언하고 있지 않은가.

두 번째 스캔들

보존된 쿰란 텍스트들 중 약 80%는 오래전부터 이미 간행되어왔다. 우리는 다음과 같은 좋은 탁월한 번역본을 통해 이 문서들을 접할 수 있다:

Johann Maier, Die Texte vom Toten Meer, I-II, München, Basel, 1960

Eduard Lohse, Die Texte aus Qumran hebraeisch und deutsch, München, 1964

Johann Meier, Die Tempelrolle vom Toten Meer (UTB 829), München, Basel, 1978

Klaus Beyer, Die aramaeischen Texte vom Toten Meer, Göttingen, 1984

그러나 '스캔들'이라 불릴 만한 사실은, 이 독특한 문서들이 지금까지 신약성서와 철저히고도 체계직으로 비교된 석이 없다는 점이다. 때때로 우리는 훌륭한 세미나 리포트나 논문에서 이 텍스트들이 인용된 것을 발견할 수 있다. 그러나 아무도 이 자료들로 무엇을 해야 하는지, 어떻게 신학적으로 다뤄야 할

지를 확신하지 못하는 듯하다. 실제로 설교나 목회 현장에서는 이 텍스트들이 존재한다는 사실조차 들어본 적 없는 것처럼 보인다. 신약성서에 관한 학문적 주석서들에서도 각 주석마다 관련 문맥에서 쿰란 텍스트들을 언급하지만, 누가 그것들을 일일이 찾아볼 시간이 있겠는가? 이 텍스트들에 대해 보다 폭넓고 본격적인 신학적 관심이 있었던 적은 결코 없었다.

그러나 한 가지는 분명하다. 이 문서들의 연대를 예수 이전 1세기로 보든 이후 1세기로 보든 간에, 어쨌든 이것들은 우리가 '예수의 시대'라 부를 수 있는 시기로부터 전해진 유일한 원본 텍스트들이다. 그에 비해, 파피루스에 보존된 가장 오래된 복음서 단편은 기원후 120년경의 것이다.

이러한 문서들에 신학적 관심이 거의 없었던 이유는, 단순히 목회자들의 무관심 때문만이 아니라, 지난 수십 년간 특히 독일 신학계에 만연했던 특정한 사고방식 때문이기도 하다. 이에 따르면, 초기 기독교의 메시지는 반드시 '유대교적 자기 의'와 '공로 중심의 경건성'과 구별되어야 한다고 여겨졌다. 사람들은 결과를 이미 알고 있었고, 깊은 기독교적 정체성 위기의 상황 속에서 유대교를 희생시키면서 예수와 바울의 독자성과 특수성을 강조해왔다. 이러한 접근 방식의 대표적인 사례는 쿰란 텍스트들에 대한 신학적 접근을 시도한 유일한 포괄적 연구서인 Herbert Braun의 Spätjüdisch-häretischer und frühchristlicher Radikalismus (Tübingen I-II, 1957)다.

유대교는 그 특성이 무엇이든 간에, 늘 업적에 대한 자부심으로 인해 비난받을 수밖에 없었다. 이 경우 쿰란 텍스트들 속의 유대 율법 강조는 예수의 '은혜의 복음'에 대한 악마적 대항으로 간주되었고, 그러므로 단지 무가치한 문자주의 신앙으로 취급되었다. 그러나 기독교인들은 오늘날 그 율법주의적 편협성을 자신의 것으로 인정할 만한 이유를 충분히 갖고 있다.

기독교 설교는 언제쯤 기독교가 유대교와 분리되어 살아가는 종교가 아니라는 사실을 깨닫게 될까? 구약성서가 성경 정경의 일부이며, 초기 기독교는 유대교의 특정 전통을 파괴하거나 극복하기보다 오히려 강화한 것이었다는 사실을 언제 인정하게 될까? 예수가 모세와 자신을 구별짓는 것 이상을 의도하지 않았다는 점, 그리고 예수 시대의 유대교는 복음의 빛을 돋보이게 하는 어두운 배경이 아니라, 오히려 초기 그리스도인들에게 정체성과 삶의 틀을 제공한 대가족이었다는 사실을 과연 언제 깨닫게 될까?

하지만 지금까지는 그렇지 않은 방식으로 가르치고 설교해 왔다. 그리고 이렇게 해서 예수와 초기 기독교에 대한 하나의 이미지가 형성되었는데, 이제 예수가 유대인이었으며, 그의 시대의 유대교 한가운데 서 있었고, 거기에 참여하고 있었다는 사실 - 그리고 바울도 마찬가지(!)였다는 사실 - 을 발견하게 되면, 그 이미지는 거의 무너질 수밖에 없다. 더욱이, 예수는 실제로 인간이었고, 초자연적 존재로서의 하나님의 아들이 아니었다.

예수 시대의 유대교와 1세기 모든 기독교의 본래적 유대교적 성격에 관한 묘사들이, '후기 기독교인'들을 종종 어려운 종교적 상황에 맞닥뜨리게 한다는 것은 아마 사실일 것이다. 그들은 자기 종교에 대한 지식 수준이 지극히 낮고, 목사와 신부들은 - 악의 없이 - 성서의 유대교적 측면과 더 넓게는 종교사적 측면을 숨겨 왔으며, 주위의 모든 그리스도인들은 (도덕적으로 더욱 강화된) 강렬한 정체성의 의심에 시달리고 있다. 이러한 의심은 부분적으로 바로 모든 인간의 '신앙 고백으로 인한' 죄악성을 강조함으로써 더욱 심화된다. 그리스도인들이 공개적으로 "이런 종교(모든 것이 죄와 어둠뿐이므로)를 가진 것을 부끄러워해야 한다"고 선언할 때, 유대교적 유사성에 대한 몇 가지 간단한 지적만으로도 그들의 위태로운 정신적 거처가 완전히 무너져 버릴 수 있다.

주요 교회들에서는 예수가 결코 제대로 인간이 된 적이 없다. 그의 신적 위엄이 너무 강조된 나머지, 그는 인간들, 심지어 자신의 동시대인들과도 멀리 떨어진 존재가 되었다. 인간의 죄악성과 대비하여, 예수의 거룩함과 숭고함, 그리고 영웅성은 점점 더 높아져, 한층 더 심화된, 도저히 닿을 수 없는 먼 곳으로 밀려갔다. 남은 것은 결국 이것이다. 곧 기독교란 거룩함이 아무리 강조되어도 모자란, 어쨌든 정상적인 것과는 전혀 다른 것들에 대한 믿음이라는 것이다.

많은 이들은 '하나님의 아들'이라는 칭호가 바로 이런 의미를 담고 있다고 생각한다. 적어도 예수를 하나님의 아들로서 고상하게 이해하는 이러한 관점은, 견고하게 굳어져서(마음이 아니라 머릿속에), 입교 준비 시기 이후로는 아무런 새로운 지식으로도 방해받지 않은 채 지속되어 왔다. 이것은 장기적으로 폭발적인 상황을 만들어낼 수밖에 없다. 그리고 이제 예수의 절대성이, 예수와 바울의 메시지 속의 많은 것, 아니 거의 모든 것이 단순히 유대적인 것이라는 사실이 입증됨으로써 상대화될 때, 그 상황은 완전히 현실화된다.

모든 고상한 것들의 자연스러운 대극(對極)은 불신이다.

세 번째 스캔들

세 번째 스캔들은 앞선 두 스캔들보다 더욱 심각하다. 그러나 이것은 앞선 스캔들을 전제로 한다. 이 스캔들은 아이젠만(R. Eisenman), 베이전트(M. Baigent), 레이(R. Leigh)의 주장과, 그것들을 열광적으로 받아들이는 대중의 반응과 관련되어 있다. 이 대중적 성공은 그 자체로 별도로 탐구할 만한 흥미로운 문제를 제기한다.

이는 바로 그 대중적 성공이 오늘날의 종교적 상황을 강렬한 빛 아래 드러내 주기 때문이다 : 교회는 더 이상 신뢰를 받지 못하고 있으며, 그 결과 사람들은 기독교의 기원과 관련된 자료들에 대해서도 언제나 사기와 조작이 개입되어 있다고 여긴다.

이러한 신뢰 상실에는 여러 가지 원인이 작용한다 : 동방 지역에서의 정치적 얽힘, 비현실적인 성 도덕, 교회 내부의 분열, 신뢰할 만한 인물의 부재, 설교자들의 영성 결핍 등이 그것이다.

하지만 무엇보다 중요한 것은, 인간 존재 자체에 내재된 전반적인 불안정성과 불확실성이 교회에 대한 신뢰 상실로 드러난다는 점이다. 적의 이미지가 정체성의 안정을 도와주는 작용을 하기 때문에, 세계에서 분명한 이념적 대립이 사라지는 것과 함께 신뢰도 무너지는 것은 결코 우연이 아니다. 심지어 '적이 있어서는 안 된다'는 도덕적 이유로 인해 적이 사라진 경우에도 사람들은 오히려 더 큰 불확실성에 휩싸인다. 사람들 사이에 신뢰가 깨지는 것보다 더 큰 손실은 없다는 말은 실로 사실이다.

이제 학문적 논거로 접근이 가능한 스캔들의 부분으로 논의를 전환하도록 하자.

II. 로버트 아이젠만(Robert Eisenman)의 의심스러운 테제들

저널리스트 베이전트(Baigent)와 레이(Leigh)는 그들의 저서 The Dead Sea Scrolls Deception에서 로버트 아이젠만의 주장을 자주 언급한다. 아이젠만은 여러 저작을 통해 초기 기독교에 관한 독특한 견해를 펼쳤다. 그는 문제의 핵심을 다음과 같이 본다. 초기 기독교는 첼롯당, 즉 로마인들을 팔레스타인에서 몰아내기 위해 폭력적 정치 전복과 테러 준비에 나선 1세기 민족주의 유대인 운동이었다. 주의 형제 야고보(혹은 경우에 따라 예수 자신도)는 쿰란 문서에서 언급된 '의의 교사'에 해당한다. 쿰란 공동체는 초기 기독교 원공동체(Urgemeinde)와 동일하며, 바울은 로마의 비밀 요원이라는 것이다. 따라서 초기 기독교는 바울과 야고보 간의 긴장과 갈등으로 가득 차 있었다는 것이다. 주의 형제 야고보는 율법을 엄격히 준수했을 뿐 아니라 매우 호전적이고 폭력 사용에도 주저하지 않았으며, 외국인에 대해 적대적이었다는 것이다. 반면 아이젠만은 바울을 유대교를 파괴하고 율법을 부정하는 인물로 묘사한다.

여기서 이 테제들을 '의심스럽다'고 말하는 것은, 성서와 그

주변 세계에 대한 역사비평적 연구에 기초한 판단이다. 이를 전제로 다음 사항에 유의할 필요가 있다. 지난 약 200년간의 연구는 교회 지도자들에 의해 주도된 것이 아니라, 다른 역사학과 문헌학에서 사용되는 것과 동일한 방법을 사용하며, 각자의 종파와 종교적 신념에 대해서도 냉정하고 비판적인 태도를 견지한 학자들에 의해 수행되었다. 오랜 논의 과정에서 수많은 가설이 세워졌다가 폐기되었다. 그러나 그 과정 속에서 사람들이 충분히 논의하고 움직일 수 있는 폭넓은 틀이 형성되었고, 오늘날에도 여전히 존재한다. 이 틀이 바로 '비평적 합의'다. 이 틀을 벗어나 연구를 시작하는 사람은, 모든 증거가 결핍된 상태에서 작업하는 셈이다. 그리고 그 결핍을 보완하는 증거를 제시하려면, 특히 이전에 알려지지 않았던 사실을 실증적으로 드러내는 방식이어야 하며, 그렇지 않으면 자의적이거나 부실하며 의심스러운 주장이라는 비판을 피할 수 없다.

어떤 문헌이나 역사 연구자도 궁극적인 진리를 밝혀냈다고 주장하지 않는다. 인류 역사의 모든 사안에 대해 그러한 주장은 불가능하다. 게다가 성서가 말하는 '진리'란, 학자들이 규명할 수 있는 사실과는 다른 차원의 것으로, 곧 하나님 자신을 의미한다. 그러나 학문적 논익에서는 최소한 개언성과 설득력을 갖춘 논거가 제시되기를 기대할 수 있다. 특히 대단한 테제라면, 그것에 대한 논거 없이는 논의의 장에 설 수 없다. 이것이 바로 아이젠만의 테제들이 처한 상황이며, 우리는 그의 주장들이 19세기에 이미 아무도 신뢰하지 않았고, 옳게도 잊혀졌으나 오늘날 '새로운 것'처럼 다시 등장한 '조악하고' 반(反)학문적인 이론들과 맞닿아 있음을 거듭 지적할 수 있다. 이미 알버트 슈바이처(Albert Schweitzer)는 그의 명저 『예수의 생애 연구사』(Die Geschichte der Leben-Jesu-Forschung)에서 이러한 순진한 시도들을 조롱과 아이러니로 묘사한 바 있다.

무엇보다도 우리가 주목하는 점은, 아이젠만이 학문적으로는 정확히 알 수 없는 사안에 대해 마치 확실히 아는 것처럼 주장한다는 사실이다. 따라서 아래 제시할 반(反)테제들은 '전문가'나 '주석가'가 더 잘 알고 있음을 증명하려는 목적이 아니라, 반복해서 이런 질문을 던지기 위한 것이다. 즉, 해석자로서 최선의 의지를 지닌 아이젠만이, 출처가 보증하지 않는 내용을 어떻게 '확실히' 알 수 있다는 것인가? 이러한 문제가 곳곳에서 드러나기 때문에, 그의 작업은 결국 극히 가능성이 낮고, 매우 자의적인 구성이라는 인상을 남긴다.

이 테제들은 초기 기독교 역사 자체에 관한 문제를 다루고 있다.

바울은 하나님을 만든 자였나?

테제 : 바울이 최초로 예수를 하나님으로 만들었다고 주장하는 이들이 있다. 그들은 예수가 결코 인간의 숭배를 허락하지 않았다고 하며, 모든 기적과 동정녀 탄생 전승, 그리고 부활 사건은 바울이 꾸며낸 이야기라고 본다.

반론 : 그러나 바울은 그의 서신들에서 예수의 기적을 단 한 번도 언급하지 않는다. 예수가 성령으로 잉태되었다는 전승도 누가와 마태복음에는 있지만 바울에게는 없다. 오히려 바울 자신은 예수의 부활 신앙을 전승으로 전해받았다고 말한다(고전 15:3~4: "나는 내가 전해 받은 것을 여러분에게 전해 주었습니다. 그것은 그리스도께서 성서에 기록된 대로 … 죽으셨다는 것과 사흘 만에 다시 살아나신 일입니다."). 예수의 신성에 관해서도, 기독교 어느 곳에서도 예수가 '제2의 하나님'으로 간주되지는 않는다. 오히려 그는 하나님을 볼 수 있게 하는 분이며, 독특한 방식으로 하나님을 대표하는 전권 대리인이다. 그 안에서 우리는 유일한 하나님 외에는 그 누구도 경배하지 않는다. 그렇다면 바울이 왜 이런 것들을 '지어내야' 했을까? 사실 바울 이전에 이미 스데반을 중심으로 한 한 무리가 비슷한 주장을 했다. 우리가 아는 한, 이들은 특별히 예수의 전권에 호소했다. 스데반은 예수를 '사람의 아들'로, 곧 상상할 수 있는 가장 높은 존엄을 지닌 분으로서 하나님의 보좌 앞에 서 있는

것을 보았다(행 7:56).

바울을 율법에 적대적인 신흥 기독교의 실제 창시자로, 마치 '비누와 동물 사료'를 팔듯 예수를 하나님으로 팔아 신들 사이에서 시장 점유율을 놓고 싸운 인물로 묘사하는 것은(베이전트와 레이의 주장) 19세기의 낡은 틀을 답습한 조작물일 뿐 아니라, 증오와 기괴한 오해로 가득 차 있다. 왜냐하면 바울은 온 마음을 다해 자신을 유대인이라고 고백했기 때문이다. 그는 큰 슬픔과 끊임없는 고통 속에서 형제들을 위해 탄식하며 (롬 9:16; 11:13), 하나님이 자기 백성을 버리셨는지 묻는다. 현대 성서학은 이미 오래 전부터 그를 유대인으로 재발견했다. 바울에게 기독교는 곧 메시아적 유대교였다.

그러므로 베이전트와 레이에서처럼 증오가 노골적으로 드러나는 경우, 독자는 그것이 정말 주제 자체에 대한 것인지, 아니면 자기 내면의 반영(거울 이미지)에 대한 것인지 묻게 된다. 실제로 누가 시장 점유율을 놓고 싸우고 있는가? 누가 신들 사이의 경쟁을 능가하려고 하는가? 바울에 대한 판단(따라서 그가 세운 것으로 추정되는 기독교 전체에 대한 판단)이 역사적으로는 도저히 지지될 수 없다는 것은 분명하다. 그러한 주장들은 결코 학문적 정당성을 획득할 수 없다. 그것은 여전히 하찮은 통속소설, 즉 B. 슈트라이트호펜(Streithofen)의 Kaffeesatz der wildesten antikirchlichen Aufklärung 『가장 극단적인 반교회적 계몽주의의 커피 찌꺼기』 수준에 머물러, 신학에 대한 피상적인 지식을 바탕으로 한 억측에 불과하다.

바울에 대한 '혐오감'이 너무 커서, 심지어 그가 '믿음으로 의롭다 함'을 발견한 구약의 두 구절 중 하나인 하박국 2장 4절을 기원전 7세기 중반에 나온 '외경'이라 단정하기까지 한다. 그리고 바울이 여기서 자신의 믿음 교리를 베껴 마치 위대한 계시인 것처럼 제시했다고 주장한다. 그러나 이런 말을 곧이곧대로 믿을 사람은 어리석은 자뿐이다.

첫째, 모든 독일어 성서 번역에서도 바울이 로마서 1장 17절과 갈라디아서 3장 11절에서 이 구절을 명시적으로 인용하고 있음이 분명하다.

둘째, 바울의 가르침을 위한 자료로는 창세기 15장 6절에 나오는 '믿음으로 의롭다 여김을 받은 아브라함' 이야기가 있다.

셋째, 하박국서는 외경이 아니라 모든 히브리어 성경에 포함된 정경이다.

결국 중요한 것은, 예언자 하박국을 희생시키면서까지 바울을 깎아내리고 무가치하게 만들려는 시도가 있었다는 점이다.

바울은 로마의 협력자요 이중간첩이었나?

사도행전 7장에 따르면, 스데반이 돌에 맞아 죽을 때 훗날 바울이 된 사울이 그 자리에 있었다. 누가의 기록에 의하면 그는 "스데반의 죽음을 마땅하게 여겼다." 그러나 베이전트와 레이는 성서 본문에서 스데반이 처형당한 구체적인 이유를 찾아낼 수 없었다.

테제 : 초기 기독교의 원공동체(Urgemeinde) 구성원들이 대체로 그랬듯이, 열심당원(첼롯) 출신이었던 스데반은 친로마적 제사장직을 수행하며 로마 첩자로 활동하던 바울에 의해 돌에 맞아 죽었다.

반론 : 스데반은 성전에 대해 예수가 했던 위협적인 발언을 다시 언급함으로써(마치 누군가가 예언자로서 바티칸에 나타나 성 베드로 대성당의 임박한 파괴를 선포하는 것과 같은 상황) 패배주의적 영향을 미쳤기 때문에 돌에 맞아 죽었다. 또 사도행전 7장 56절에 따르면 그는 하나님과 그 오른편에 있는 '인자'를 보았다고 주장했는데, 모세조차 하나님을 직접 본 적이 없으므로 이는 신성모독으로 간주될 수밖에 없었다.

테제 : 이후 바울은 기독교로 위장 개종한다. 그때 그는 유대 율법을 파괴하는 잠복요원으로서 계속 로마를 위해 활동했다.

그러나 쿰란의 원공동체는 이를 간파하고, 바울과 그 추종자들을 '율법 위반자들'이라 불렀다. 반대로 바울은 예루살렘 공동체가 '다른 예수'를 선포한다고 경고했다(고후 11:3-4).

반론 : 바울은 토라를 폐기하지 않았다. 오히려 율법을 '거룩하고', '옳으며', '선하고 영적'(롬 7:12, 14)이라고 평가했다. 또한 고린도후서 11장 3-4절에서 바울이 예루살렘 원공동체를 '다른 예수'를 전하는 집단으로 생각했다고 볼 근거는 없다. 이를 추측하는 학자는 소수에 불과하다. 특히 저자들이 이름조차 언급하지 않으려는 로마서는, 바울이 말년에 유대교와 근본적으로 긍정적인 관계를 유지했음을 분명히 보여준다.

다마스쿠스로서의 쿰란?

사도행전 9장에 따르면, 바울이 빛을 보고 땅에 엎드려 예수의 음성을 들은 순간은 다마스쿠스에 가까워졌을 때다. 이것이 바로 바울의 회심 사건이다. 또한 사도행전 9장 19~20절에 의하면, 바울이 '회당에서' 예수를 하나님의 아들로 선포하기 전에 다마스쿠스에는 이미 바울과 함께 지냈던 제자들이 있었다. 이 다마스쿠스가 바로 잘 알려진 그 도시라는 점에는 의문의 여지가 없으며, 굳이 의심할 이유도 없다.

한편, 쿰란에서 발견된 텍스트들 중에는 소위 '다마스쿠스문서'가 있다. 이 문서의 사본은 1896년부터 회당의 오래된 두루마리 보관소인 카이로 제니자(Cairo Genizah)에서 알려졌다. '다마스쿠스문서'라는 이름은 문서 저자들이 기록한 대로 '다마스쿠스 땅의 새 언약 공동체'에서 따온 것이다. 다마스쿠스문서 6장 5절에는 "…그들은 유다 땅을 떠나 타국인 다마스쿠스 땅에 머물렀던 이스라엘의 개종자들이다"라고 적혀 있다. 또한 6장 19절에서는 "다마스쿠스 땅에서 새 언약을 맺은 자들의 발견에 따른 것이다"라고 기록되어 있다.

그런데 다마스쿠스문서 자체는 이 '다마스쿠스 땅'을 어떻게 이해해야 하는지에 대해 단서를 준다. 다마스쿠스문서 7장 14~16절에는 아모스서 5장 26~27절에 대한 포괄적인 해석이 나오는데, 그 구절에 따르면 이스라엘은 그의 우상숭배에 대한 형벌로 '다마스쿠스 저 너머로' 추방되었다고 말한다. 즉, 아모스서에 따르면 다마스쿠스의 오지는 이스라엘의 유배지다.

다마스쿠스문서(7:14~16)에서는 이 아모스서 구절을 채 택해 신명기적 역사관의 맥락 안에 포함시키고 있다. 이 관점에 따르면 이스라엘은 여러 민족 사이에 흩어진 상태에서 회개하고 결국 구원을 받게 된다. 즉, '다마스쿠스'는 유배지, 즉 유대인들이 흩어진 외국 땅을 상징하는 것이다. 이 땅에서 그들은 회개하며 새 언약이 이루어진다.

이 '다마스쿠스' 구절은 종종 다르게 해석되기도 했다. 즉, 참된 예배자들이 기꺼이 다마스쿠스 지역으로 이주했다는 식의 해석이다. 그러나 여기서는 '다마스쿠스 땅'이 바빌론과 비슷한 개념의 국외 유배지로 보는 해석을 지지한다. 정확한 지리적 위치를 특정하는 것은 불가능하다.

따라서 '다마스쿠스'라는 이름은 잘 알려진 도시 다마스쿠스와 연관 짓거나 상징적으로 이해할 수 있을 뿐, 명확한 지리적 지정은 허용하지 않는다. 더구나 이것이 쿰란과 관련되었다고 증명할 만한 근거도 없다. 무엇보다 쿰란 공동체 구성원들이 스스로를 '다마스쿠스 땅에서 온 새 언약의 공동체'로 인식했다는 사실이 확실하지 않기 때문이다. 쿰란에서는 이 문서의 사본이 단 하나만 발견되었으며, 그 기원에 대해서는 아무것도 알 수 없다.

결론적으로, 바울의 다마스쿠스가 실제 장소라는 점을 의심할 이유는 없다. 마찬가지로, 다마스쿠스문서의 다마스쿠스 위치를 명확히 특정하는 것도 불가능하다. 둘을 쿰란과 동일시하는 것은 전적으로 자의적인 기정일 뿐이다.

바울은 예수의 적대자였는가?

19세기의 고정관념 중 하나는 소위 예수와 바울 사이에 극복할 수 없는 대립이 존재한다는 것이다. 바울은 대개 사람들이 '싫어하는' 인물로 인식된다. 특히 그는 실제로 교회를 향한 모든 공격을 견뎌야 했던 인물로 여겨진다.

테제 : 바울은 예수가 요구한 대로 율법의 한 점 한 획도 온전히 지키라는 가르침(마 5:17~19)을 '배반'했다. 그는 로마인의 첩자로서, 율법에 충실했던 초기 기독교 원공동체와 맞섰다.

반박 : 그러나 바울은 율법을 폐지하지 않았다. 그는 분명히 율법이 '거룩하고' '하나님의 영으로부터' 온 것이라고 말한다. 오히려 그리스도인이 받은 성령이 하나님의 율법을 지키는 것을 가능하게 한다고 한다(롬 8:3~4). 그러므로 바울은 사랑이 율법의 모든 계명의 완성이라고 말할 수 있었다. 율법의 완성이 중요하지 않다면, 그것을 주장하는 것은 말이 되지 않는다. 또한 바울은 구약 성서에 나오는 제의와 속죄 규정들조차 없애지 않았다. 그것들은 예수의 죽음이 하나님과의 관계를 새롭게 정리했기 때문에 어느 정도 기능을 상실했을 뿐, 폐지된 것은 아니다. 모든 정결법과 할례에도 같은 원리가 적용된다. 모든 그리스도인은 성령 안에서 하나님의 자녀가 되어 하나님과 더 가까워졌기 때문에, 할례나 정결법을 통해 친밀감을 추

가로 확립할 필요가 없다. 이를 무시하는 것은 성령의 은사의 효력을 의심하는 셈이 된다. 그러나 모든 윤리적·사회적 규정에서 율법은 그리스도인들에 의해 성취되어야 하며, 그들은 이제 하나님의 영을 통해 하나님의 뜻을 이룰 힘을 갖게 되었다.

결론 : 예수와 바울 사이의 대립은 바울이 율법을 폐지했다는 점에서 비롯된 것이 아니다. 그렇다면, 오래전부터 알려진 다른 어떤 사실을 통해 주목할 만한 논점을 제기할 수 있을까?

예수와 첫 번째 그리스도인들은 첼롯당원들이었나?

신약성서에는 예수나 초기 기독교의 주요 인물들 중 어느 누구도('열심당원 시몬'(눅 6:15, 행 1:13 참조)을 제외하고, 그의 별명에 대해서는 아무것도 알 수 없지만) 열심당원이었다는 어떤 증거도 포함되어 있지 않다. 그럼에도 19세기 이후로 예수를 첼롯당원으로 보는 견해가 반복해서 제기되어 왔다. 이 관점의 대표자들은 예수를 첼롯당원으로 보고자 하는 강한 관심을 가지고 있다. 특히 예수를 폭력적인 계급투쟁의 첫 번째 선구자로 만드는 사회주의적 해석이나, 예수를 테러리스트적 공공의 적 1호로 간주하여 로마인들에게 위협적 인물로 보는 유대인 학자들이 있다. 후자들은 이로써 유대인들이 예수를 죽였다는 그리스도인들의 비난 – 극도로 왜곡된 역사적 영향력을 지닌 - 을 잠재우려고 노력한다.

19세기 이래로 예수의 혁명적 열광주의를 증명하는 것으로 간주된 세 가지 본문이 반복적으로 언급되었다. 첫째, 성전에서 돈 바꾸는 사람들에 대한 예수의 행동(막 11:15), 둘째, 제자들에게 두 검을 준비하라고 한 말씀(눅 22:38), 셋째, 예수가 "나는 평화를 주러 온 것이 아니라 칼을 주러 왔다"(마 10:34)고 한 말씀이다.

이에 대한 반론은 다음과 같다. 성전 상인들에 대한 예수의 행동은 군사적 행위가 아니라, 종교적 성격의 메시아적 표징 행위였다. 메시아는 이제 이방인의 앞마당이 더 이상 성전 화폐로 돈을 바꾸고 희생 동물을 파는 장소가 될 수 없으며, 이방인들 또한 그를 경배하게 될 것임을 선언했다. 이는 마지막 때가 다가와 이방인들도 모두 이스라엘의 하나님을 고백할 것이라는 의미다. 예수는 폭력적 행동으로 새 시대가 말뿐 아니라 실제로 하나님의 성소를 깨끗하게 할 것임을 분명히 했다. 그러나 이 행위는 '실재의 상징'일 뿐, 첼롯당원으로서의 봉기가 아니었다. 예수는 이미 미래의 성전 현실의 작은 부분을 창조했으며, 이는 여전히 매우 제한적인 상징적 행위에 불과하다.

누가복음 22장 38절("주님, 보십시오, 여기 칼 두 자루가 있습니다." - "넉넉하다.")에서 예수가 말한 뜻은 제자들이 더 이상 무장할 필요가 없다는 의미이거나, 위험한 도보 여행에 대비해 두 개의 단검을 가지고 가는 것을 허용한 것으로 해석된다. 여기서 칼은 우편배달부가 사용하는 개 방지 스프레이와 비슷한 방어용 도구로, 전쟁 무기로 쓰일 수는 없었다.

또한 예수가 "나는 평화가 아니라 칼을 주러 왔다"(마 10:34)고 했을 때, 누가복음 12장 51절("… 평화가 아니라 분열을 일으키러 왔다")과 인접한 문맥은 이 말씀을 가족 내 분열과 고통스러운 관계 단절의 이미지로 이해하도록 돕는다. 대가족 내 일부가 예수를 따르게 되면서 자연스러운 가족 관계의 분리가 일어나고, 사람들은 가족을 '떠나' 예수를 따르게 된다. 이 '칼'은 이전에 함께했던 관계의 고통스러운 단절을 위한 이미지다.

이런 논의의 맥락에서 복음서들은 예수의 원래 메시지와 다르게 위조되거나 진실하지 않게 전해졌다는 주장이 반복적으로 제기된다(베이전트와 레이 등). 복음서 저자들의 서술 경향은 1830년대부터 튀빙겐 신학자 페르디난트 크리스티안 바우어(F. C. Baur)의 경향비평을 통해 알려졌으며, 20세기 60년대 중반 이후 편집사적 연구를 통해 이들이 특정 신학적, 심지어 정치적 관점을 가지고 있음을 알게 되었다. 예를 들어 복음서들은 모두 로마에 우호적이며 빌라도의 책임을 경감시키는 반면, 유대 대중과 유다에게 책임을 돌리는 경향이 있다.

아마도 예수의 메시지는 복음서들에 나타난 것처럼 로마에 우호적이지 않았을 것이다. 신약성서 중 요한계시록이 예수 메시지의 원래 정치적 방향을 가장 잘 보존하고 있을 가능성이 크다. 다만 모든 판단은 1세기 당시의 출처들을 근거로 해야 한다.

아무리 좋게 보려해도, 이들에서 얻을 수 있는 것은 기껏해야 다음과 같다. 다가오는 하나님의 나라 또는 인자의 도래에 대한 예고는 그 결과로서 필연적으로 모든 지상 통치의 종말을 뜻하긴 했다. 그러나 이 전환의 도래는 인간의 폭력적인 행동에 의해 이루어지는 것이 아니라, 본질적으로 하나님의(그리고 그의 천사들의) 행동으로 일어나는 놀라운 사건이다. 그것은 첼롯당원들의 경우와는 달랐다.

반면 베이전트와 레이에 따르면, 초기 기독교는 "율법을 옹호하고 부패한 사두개파적 성전 제사장 직분을 폐위시키며, 로마 점령자를 성지에서 몰아내려는 전투적인 광신자 그룹의 형태를 띤 당시 유대적 민족주의 현상"이었다고 한다. 모든 1세기 기독교인들은 율법을 올바로 지키고자 했으며, 그 외의 주장은 증명할 수 없거나 반대가 사실이라는 입장이다.

결론 : 예수와 많은 초기 기독교 공동체들은 묵시문학적인 사상을 가졌으며, 모든 지상 통치의 임박한 종말을 믿었다. 그

러나 그들은 그것을 폭력이나 자신의 힘으로 이루려 하지 않았다. 이것이 그들을 첼롯당원들과 구별시킨다.

첼롯당원으로서의 유대인 그룹들?

베이전트와 레이는 주후 1세기 유대교 내의 가장 다양한 집단들 - 에세네파, 쿰란 거주자들, 묵시론자들, 사두개인의 폭력적 급진파 - 을 모두 첼롯당(열심당)으로 보아야 한다고 주장한다.

그러나 주후 1세기 유대인 저술가 필로와 요세푸스가 언급한 치유파(Therapeuten)와 에세네파가, 쿰란의 여러 문서에서 논의된 집단들과 동일한지, 혹은 단지 관련이 있는지에 대해서는 아직 명확히 설명된 적이 없다. 양측 사이에는 분명 유사점도 있고 차이점도 있다. 설령 관련이 있다고 주장하더라도, 쿰란 거주자들이 실제로 도서관의 문서들에 따라 생활했는지, 그렇다면 어떤 규칙을 적용했는지는 전혀 분명하지 않다. 그리고 설사 이 모든 집단이 에세네파였다고 해도, 그들이 곧바로 혁명적 열광주의자였다고 말할 수는 없다.

쿰란 문서들이 소규모 정착촌 주민들의 실제 상황과 태도를 어느 정도까지 보여줄 수 있는가 하는 문제를 차치하더라도, 옛 문서와 새 문서를 통틀어 혁명적 열광주의적 성격을 띠는 자료는 없다. 이는 소위 '전쟁 두루마리'(1QM, 4QM)에도 해당된다. 이 문서들은 특히 천사들이 참여하는 최후의 전쟁을 마술적·제의적 방식으로 묘사하고 있지만, 현대의 테러리스트나 게릴라 활동을 연상케 하는 첼롯당의 특징은 찾아볼 수 없다.

주후 1세기 유대교에는 율법에 대한 특별한 충성을 공통 특징으로 하는 다양한 종교 집단들이 존재했다는 것은 확실하다. 그러나 이들을 모두 테러리스트로 몰아 첼롯당에 포함시키는 것은 전혀 타당하지 않다. 1세기는 밤에 모든 고양이가 회색으로 보이는 것처럼 무차별적으로 규정해도 되는 미지의 영역이 아니다.

예를 들어, 폭력에 대한 하나님의 독점권 사상을 고려하여 엄격한 비폭력을 요구하는 것은 거의 모든 묵시문학적 집단의 특징이었다. 모든 그리스도인들뿐 아니라, 필로가 묘사한 에세네파 역시 이런 비폭력 노선에 속했다. 이는 주후 1세기 사람들이 임박한 종말을 매우 현실적인 가능성으로 보았고 (즉, '묵시문학자'였으며), 바로 그 때문에 현재의 폭력 사용을 포기했음을 의미한다. 이 논리는 스스로 일관성을 지닌다. 따라서 초기 기독교 문서에 나타나는 '묵시문학'과 '폭력 포기'의 연결은 결코 꾸며낸 이미지로 치부되어서는 안 된다. 당시 존재하던 유대 묵시문학의 약 90%가 이와 같은 생각을 공유하고 있었다.

쿰란의 거주자들은 기독교 원공동체였나?

사도행전 24장 5절에서는 바울을 '나사렛 사람들' 분파의 우두머리라고 칭한다. 신약성서에서 이 단어가 특정 그룹을 가리키는 칭호로 사용된 유일한 곳이다. 그러나 이것이 초기 기독교 원공동체와 직접 관련된 것이 아니라, 바울과 그의 공동체와 연관된 표현임은 분명하다. 이 표현이 의미하는 바는 다양한 가설로 논의되어왔다.

베이전트와 레이에 따르면 '언약의 수호자'(히브리어: nozrei haberit)라는 표현이 초기 기독교인들을 '나사렛 사람들'이라는 애매한 호칭으로 부르는 데 영향을 미쳤다고 한다. 다만 베이전트와 레이가 언급한 것처럼, 이 표현이 하박국 페쉐르 문서에 포함되어 있다는 주장은 사실이 아니다. 쿰란의 신구 텍스트들에서는 '언약'과 '언약에 들어가는 자들'에 관한 언급이 자주 나타난다.

쿰란 텍스트들에 '언약의 수호자'라는 표현이 있다면, 이를 그룹 명칭으로 볼 수도 있을 것이다. 그러나 이 표현이 쿰란 공동체만을 지칭하며 그곳에서만 사용되었다는 점은 증명할 수 없다. 당시 유대교 내에서 '언약'에 관해 말하던 방식이 그러했던 것처럼, 이 표현은 매우 일반적인 용어였기 때문이다.

그럼에도 불구하고, 이러한 불확실한 가설에 근거해 쿰란 거주자들이 바로 초기 기독교 원공동체였다고 추정하는 것은 증거 없이 지나치게 많은 믿음을 요구하는 일이다. 더욱이 신약성서가 최초의 예루살렘 그리스도인 집단, 열두 제자 권, 히브리어권 유대인들과 그리스어권 유대인들에 대해 상세히 기록하고 있으며, 이들 후자의 두 집단이 분명히 회당 공동체와 유사한 구조를 지녔다는 사실을 어떻게 설명하거나 무시할 수 있겠는가?

주의 형제 야고보는 '의의 교사'였는가?

사도행전 7장 52절에서 스데반이 예수를 가리켜 '의인'이라고 표현한 것이 쿰란 문서들의 어휘에서만 나온 것은 아니다. 예를 들어, 에티오피아어 에녹서(38:2과 53:6)에도 메시아를 '의인'이라 부르는 표현이 등장한다. 성서 주석을 간략히 살펴봐도 기원전 2세기부터 이러한 유대적 유비가 발견된다. 또한 '의인'이라는 표현을 비메시아적으로 사용한 사례는 쿰란 외에도 다수 존재한다. 쿰란 문서에 등장하는 '의의 교사'라는 인물은 단순히 '의인'이라 불리는 모든 사람과 동일하지 않다.

이는 예수가 '거룩한 분'이라는 칭호를 가지고 있다는 이유만으로 모든 성도를 예수와 동일시하는 것과 같다.

결론 : 후기 기독교 문헌에서는 주의 형제 야고보가 '의인'이라는 별명을 지녔다고 전한다. 또한 쿰란 텍스트들에는 '의의 교사'라는 의로운 교사가 등장한다. 그러나 초기 유대교에서 '의인'보다 더 자주 사용된 단어는 없었으므로, 이 둘을 동일시해서는 안 된다.

야고보의 경우처럼 '의인'이라는 별명은 신약성서에서 세 번 등장하는데, 사도행전 1장 7절에는 요셉 바사바가, 18장 7절에는 디도가, 골로새서 4장 11절에는 '의인'이라는 별명을 지닌 예수가 언급된다. 이들 모두가 '의의 교사'와 동일한 인물인가? '의인'이라는 칭호와 별명은 매우 광범위하게 사용되었기에, 이를 근거로 인간의 평등에 관한 어떤 결론도 내리기 어렵다.

바울과 야고보는 불구대천의 원수였나?

아이젠만과 그를 본받아 열심히 활동하는 일부 저널리스트들은 기독교 역사를 흑백 논리로 서술하는 것을 좋아한다. 그 목적은 특정 그리스도인들을 테러리스트로, 다른 이들은 유대교의 파괴자로 묘사하는 데 있다. 두 인물은 본래 양립할 수 없으며, 모든 중요한 인물들이 불구대천의 원수가 되어야만 한다는 것이다. 그러나 이는 신약성서에서 비롯된 것이 아니기에 '배후의 음모'를 가정해야 하고, 그것이 무엇이든 간에 대안을 만들어내야 한다.

사도행전에서는 야고보가 악인으로 묘사되었다고 한다. 그는 바울의 '율법적' 적대자였다는 주장이다. 쿰란의 하박국 주석이 이 치명적인 적대감을 암호화하여 묘사한다는 해석도 있다. 그러나 신약성서 어디에서도 이러한 적대는 확인되지 않는다. 오히려 야고보는 사도회의에서 총명한 연설로 이방인 선교를 정당화했다. 사도행전 15장 13~21절에 따르면, 무할례 이방인 선교는 합법적이며 "남은 자가 주를 찾고, 내 이름을 부르는 모든 이방인들까지도 주를 찾게 될 것"이라고 말했다.

베이전트와 레이에 따르면 바울은 믿음을 지지하고, 야고보는 율법을 지지한다고 한다. 그러나 이것은 참을 수 없는 왜곡이다. 예수의 파송 목적은 사람들이 율법을 완성할 수 있게 하는 것(롬 8:4)이며, 할례 여부와 상관없이 하나님의 계명을 지키는 것이 중요하다고 바울이 말했기 때문이다(고전 7:19). 한편 야고보는 믿는 자가 하나님의 은혜로 구원받는다는 베드로의 연설(행 15:11~12)에 동의하며, 그의 진술로 이를 이어갔다. 물론 이를 '위조된 것'이라 생각할 수도 있으나, 당시 야고보의 모습은 이 같은 묘사를 가능하게 한다.

갈라디아서 2장 12절에서 '야고보가 보낸 사람들'이 베드로(바울이 아님)를 질책한 사건의 배후에는, 예루살렘 유대인 기독교 공동체의 안전과 이방인 교회와의 교제 확대에 대한 우려가 있었다는 새로운 연구가 있다. 오늘날 야고보는 급진적 세력 간의 기독교 운동 일치를 위한 현명하고 외교적인 보증인으로 간주되며, 이 역할 때문에 순교했다고 이해된다.

아이젠만과 동료들은 쿰란 하박국 주석에 등장하는 '거짓 예언자'가 바울과 동일하다는 주장을 중요시한다. 이 주장은 하박국 주석에서 거짓 예언자가 '의의 교사'의 적대자였는데, '의의 교사'가 야고보이고 바울이 그의 적대자라면, 바울은 곧 거짓 예언자라는 것이다. 이를 뒷받침하는 명목상의 증거로 고린도후서 11장 31절에서 바울이 "하나님께서 내가 거짓말하지 않는 것을 아신다"고 말한 것과, 디모데전서 2장 7절에서 (같은 사람으로 여겨지는) 바울이 (이 편지가 바울의 저작이 아니라는 사실은 독자들에게 숨겨진 채) "나는 참말을 하지 거짓말을 하지 않는다"라고 말한 것을 든다. 아이젠만과 동료들은 이 두 구절만으로도 바울이 거짓말을 했다는 비난에서 벗어나기 위해 거의 강박적인 욕망을 보였다고 보며, 이것이 그가 거짓 예언자임을 증명한다는 주장을 내세운다. 그러나 이러한 주장은 지나치게 단순화된 해석에 불과하다.

테제 : 바울이 음모를 꾸며 야고보를 살해했고, 이를 은폐 하기 위해 성전에서 일부러 로마인들에게 체포되었으며, 그의 첩보 활동에 대한 대가로 새로운 신분을 얻었다는 것이다. 사도행전의 '열린' 결말 역시 이런 식으로 해석되어야 한다는 주장이다.

반론 : 살인 음모는 환상에 불과하다. 사도행전이 바울의 순교가 아닌 로마 도착으로 끝나는 것은 누가가 당시 알았어야 할 사실만을 기록했고, 완전한 전기를 제시하지 않았기 때문이다. 누가는 복음의 길을 기술했을 뿐이며, 사도들의 전 생애나 베드로의 순교에 대해서는 언급하지 않았다. 사도행전 1장 8절에서 '땅 끝까지' 복음이 전파될 것이라 말할 때, 로마는 제국의 동쪽 관점에서 땅끝과 같았다. 유대인의 불순종과 이방인의 수용은 누가의 지속적 주제이며, 마지막 구절(행 28:28~31)은 바울이 일부 유대인들의 방해를 받으면서도 이방인들에게 자유롭게 설교했음을 보여준다. 따라서 바울에 대한 유대인의 방해는 그가 이방인 선교를 계속할 권리를 강화하는 근거가 되었다.

더불어 베이전트와 레이는 4세기 '클레스멘스 교령(Pseudo

-Clementines)'에 등장하는 야고보에 관한 후대 전설적 묘사를 많이 활용한다. 이 텍스트들에서는 바울이 유대인 기독교인들의 '적'으로 그려진다. 이 텍스트들의 배후 집단은 바울에 대한 주요 교회 해석에 대립하는 주장을 전기적으로 뒷받침하려 했으나, 베이전트와 레이의 해석을 문자 그대로 받아들이고 역사적으로 이해하는 것은 불가능하다. 해당 문서들의 경향과 기원은 여전히 연구가 필요하다.

쿰란의 신약성서 텍스트들?

쿰란의 제7동굴에서는 특히 그리스어로 된 두 개의 단편이 발견되었다. 이들은 각각 단 몇 글자로 이루어진 조각으로, 마가복음과 디모데전서에서 온 것으로 추정된다. 각 조각은 12자 또는 14자 분량의 글이 3~4줄에 걸쳐 적혀 있는 작은 파피루스 조각이다. 그러나 이러한 문자 조합과 비슷한 구성을 가진 수천여 개의 그리스어 텍스트가 존재하며(행 길이가 불확실함에도 불구하고), 이 단편들이 기독교 텍스트임을 주장하려면 이 몇 글자에서 두 군데의 철자 오류가 있다고 가정해야 한다.

따라서 이 주장은 근본적으로 증명할 수 없으므로 받아 들여져서는 안 된다. 신약성서 텍스트의 초기 연대를 추정하고 디모데전서의 저술 연대를 바울 훨씬 이후로 잡으려는(그러나 쿰란은 70년경에 파괴됨) 비평적 연구를 근절하려는 시도는, 다른 더 설득력 있는 방법으로 추구되어야 할 문제다. 또한 제7동굴에 있는 그리스어 단편들과 다른 쿰란 텍스트들 간에 어떤 실질적인 연관성이 있는지 의문이 남는다.

III. 쿰란의 사람들은 누구였는가?

오래된 합의

 쿰란 거주자들의 정체를 밝히려는 초기 시도들은 대체로 인내심 부족과 성급한 동일시라는 경향을 드러냈다. 즉, 당시 쿰란 텍스트들의 소유자는 이미 알려진 다른 집단 가운데 하나로 쉽게 단정되었고, 텍스트들 속에 등장하는 인물들은 1세기에 유명했던 인물들과 곧바로 동일시되었다. 이는 마치 서기 2900년에 바이마르에서 발굴 작업을 하면서, 바이마르에 대해 아는 것이라고는 오직 괴테가 그곳에서 살았다는 사실뿐이라, 거기서 발견된 오래된 종잇조각을 전부 괴테의 유물로 여기는 것과 같다. 이렇게 해서 두루마리의 비밀을 풀고자 한 것이다. 아이젠만(Eisenman), 베이전트(Baigent), 레이(Leigh)의 최근 해석 또한 이러한 시도와 다르지 않다. 다음은 이 오래된 합의의 전형적인 특징들이다.

 어떤 이들은 쿰란의 거주자들을 다른 자료에 등장하는 에세네파나 치유파(Therapeuten)와 동일시했고, 두 집단 사이의 명백한 차이점은 무시했다. 그래서 '쿰란-에세네파'라는 표현이 사용되었다.

또 다른 이들은 쿰란 사람들을 세례자 요한의 제자들이나 기독교 원공동체와 동일시했다.

또 어떤 이들은 주저 없이 '쿰란 종파'라는 말을 썼는데, 이때는 동시대 유대교와의 관계에서 분열(분리)과 이단(거짓 가르침)이라는 전제를 깔았다. 그 기준점은 종종 아돌프 힐겐펠트(Adolf Hilgenfeld, 1823~1907)가 제시한 오래 된 이론, 곧 유대교 안에 '묵시적 비밀 집회'가 있었다는 가설이었다. 이런 유형의 집단은 뷔르템베르크 교회 역사에서 알려져 있었기 때문에, 유대교의 묵시 사상 역시 비밀 집회와 종파 조직 속에서만 나타날 수 있다고 여겼다.

모든 종파는 자신이 대립하는 기존의 '정통'을 전제로 한다. 특히 H. 스트락(Strack)과 P. 빌러벡(Billerbeck)이 편찬한 방대한 선집 『신약성서 주석 : 탈무드와 미드라시에서』(Kommentar zum Neuen Testament aus Talmud und Midrasch)는, 당시 학계가 바리새적 초기 유대교에서 오랫동안 '정통'을 찾으려는 경향을 더욱 강화했다.

그러나 이런 주장은, 그리고 주후 1세기와 관련해 '랍비적 정통'이 이미 존재했다는 가정은, 역사적으로 전혀 근거가 없다. '종파'라는 개념 자체가 현대적 비교의 산물일 뿐이다. 게다가 비밀스럽게 폐쇄된 것으로 간주된 쿰란 집단은, 보편적으로 개방된 기독교와는 변증적으로 구분된다. 이 비교 속에서 기독교는 결코 하나의 '분파'로 나타나지 않는다.

통상 사용되는 '종파'라는 표현의 가장 큰 문제는, 동시대 유대교를 대체로 구약성서에만 근거한 종교로 보려는 경향과, 비정경적 종교 문헌의 두드러진 활용을 오직 종파적 사고방식 탓으로만 돌리려는 태도에 있다. 즉, 자신의 성서주의를 여기에 투영하여, 쿰란 집단이 예수와 바울에 비해 못하다고 평가하는 것이다. 마치 신약성서 자체도 교회가 그것을 '정경'으로 선포하기 전까지는 처음부터 비정경적 종교 문헌이 아니었던 것처럼 여기는 셈이다.

다른 시도도 있었다. 예컨대 '쿰란 공동체'라는 이야기를 구성하면서, 중앙유럽적(이상주의적) 개념을 텍스트에 이식 했다. 그 결과 쿰란 문헌 속 메바케르(mebaqqer, '감독자')는 순식간에 '주교'로 격상되었고, 심지어 독일 주교를 기념하는 출판물에까지 등장하게 되었다(비교 프링스(J. Frings) 추기경 기념집).

또 다른 경우, 쿰란 사람들을 엄격한 규율을 지닌 '수도원 공동체'로 간주하기도 했다. 그러나 이런 견해는 쿰란에서 발견된 여성과 아동의 무덤, 결혼 전례를 기록한 4Q 502, 그리고 아내·남편·부모를 전제로 한 새로운 지혜문헌을 어떻게든 설명해야 한다. 게다가 '공동생활'을 하는 수도원 형태의 단체는 서구 문화권에서 최소 400년이 지나서야 비로소 등장했다는 사실도 간과했다.

무엇보다도, 동굴에서 발견된 모든 문서를 곧바로 거주자들의 관점과 동일시하는 것은 놀랍고도 설명하기 어려운 허구다. 이는 마치 내 서재에 꽂힌 모든 책의 내용에 대해 내가 책임을 져야 한다고 가정하는 것과 같다. 특히 아이젠만과 와이즈(Wise)가 소개한 제4동굴의 다수의 새로운 텍스트들은 내용의 다양성과 내부 차이 때문에, 단일 종파의 신학으로 이해하는 것을 완전히 불가능하게 만든다. 거기에는 알렉산더 얀네우스(Alexander Jannaeus)에 대한 찬사에서부터 '보좌 - 마차' 신비주의 텍스트, 악령을 막기 위한 부적과 점성술, 심지어 '자신의 육체적 분비물을 사랑하는 자'에 관한 규정까지 온갖 내용이 뒤섞여 있다.

결국 우리는 쿰란 텍스트들이 예루살렘 성전 도서관에서 안전한 장소로 옮겨진 자료였을 가능성을 다시 확인하게 된다. 그리고 이를 아주 정확히 인식해야 한다.

하박국 주석의 '의의 교사'(의로운 교사)를 역사적으로 다른 인물과 동일시하려는 시도도 마찬가지다. 전설 형성을 거쳐 그는 쿰란 '종파' 전체의 창시자, 찬송가의 작곡자(그러나 '교사'의 적대자들이 그를 '거짓 예언자'로 부르지는 않는다), 4QMMT와 여러 문서의 저자가 되었다. 하지만 실제로 그는 다마스쿠스 문서(CD)와 하박국 주석(1QpHab)에만 등장하며, 새로운 텍스트들에는 전혀 나타나지 않는다.

그러나 우리의 문화적 사고 패턴은 수도원이나 종파는 반드시 창시자가 있어야 한다고 믿는다. 그래서 일부는 '의의 교사'를 세례자 요한(앞서 언급한 바와 같이)이나 예수의 형제 야고보와 동일시하기도 했다. 이는 성급하고 참을성 없는 신원 확인 작업의 마지막 단계에 해당한다.

이러한 사고방식은 계속 반복된다. 미지의 것은 나란히 존재하는 것이 허용되지 않고, 반쯤 어둠 속에 남겨둘 인내심이 없으니, '의의 교사'를 엉뚱하게 다른 인물과 동일시하는 것이다. 결국 초기 기독교 공동체, 첼롯당, 묵시문학가, 에세네파 사이의 차이가 거의 사라질 때까지 이런 동일시가 이어진다. 그리하여 쿰란 문서를 '배열'하는 새로운 문학적 스캔들이 계속해서 등장하지만, 그 핵심은 늘 임의적 동일시에 있다.

마지막으로, 연대 측정을 위한 최후의 수단으로 서지학(필체를 통한 연대 추정)이나 방사성탄소 연대측정법이 사용된다. 그러나 내 생각에, 기원전 2세기 중반부터 기원후 1세기 말까지라는 짧은 범위 때문에, 이 방법은 더 이상 결정적이지 않다. 필체만으로는 두루마리가 언제까지 사용되었는지를 알 수 없다는 지적이 타당하다.

쿰란 텍스트들의 형성 시기를 확정하려는 모든 시도는 지금까지 매우 불확실하다. 그러나 분명한 것은, 그 속에 기독교에 관한 내용은 전혀 없다는 점이다. 쿰란 발굴에서 나온 고고학적 유물 역시 신학적 질문에 아무런 기여를 하지 못했다.

더 신중한 방법

성급한 오류를 피하려면, 먼저 하나님을 기쁘시게 하는 삶을 살기 위해 '사막'에 거주했던 고대 유대교의 다양한 집단에 대한 기록을 단순히 동일시하거나, 모두 같은 사람들로 연결해서는 안 된다. 왜냐하면 최소한 여섯 개의 서로 다른 집단을 구분해야 하기 때문이다.

- 세례자 요한과 제자들 - 마가복음 1장 3~4절에 언급된다. "광야에서 외치는 자의 소리 … 세례자 요한이 광야에 나타나

서 ..." 그는 요단강이 사막 지대를 가로질러 흐르는 곳에서 세례를 베풀었다.

- 사막에서 회개를 하고 거기서 짐승들과 함께 살면서 식물을 먹고 문명의 재산(개인위생을 포함해서)을 포기하는 사람들, 다니엘(칠십인역) 4장 32a절과 32b절에 의하면 느부갓네살이 이렇다. 죄를 위한 기도와 환상에 대한 언급이 있다.

- 플리니우스(Plinius)의 『자연사』(Naturgeschichte) 5.73에 언급된 에세네파 : 에세네파는 "종려나무의 친구였다... 그 아래에는 엔게디라는 도시가 있었다..."

- "이사야의 승천기"(기원전 1세기경의 유대 문헌, 1:8~11)에 나오는 예언자들의 제자들, 여기서 주후 1세기의 상황은 이사야의 시대에 빗대어 묘사된다: "그리고 거기에는 큰 불법이 있었다. 그래서 그(이사야)는 베들레헴을 떠나 한적한 곳에 있는 산에서 거주했다. 그리고 예언자 미가, 노인 아나니아, 요엘과 하박국, 그리고 그의 아들 야숩, 그리고 하늘로 승천할 수 있다고 믿은 많은 신자들도 한적한 곳으로 들어가 산에 머물렀다. 많은 사람들이 베옷을 입었고, 그들 모두는 예언자들이었다. 그리고 그들은 자신을 위해 아무 것도 수유하지 않았고 벌거벗었으며, 이스라엘이 타락한 것을 몹시 슬퍼했다. 그리고 그들은 산에서 약초를 캐낸 것 외에는 아무 것도 먹지 않았다."

- 마카베오2서 5장 27절에 나오는 마카베오 형제들과 유다 마카베오: "마카베오로도 불린 유다는 열 사람 정도의 동지들과 함께 광야로 물러가서 들짐승처럼 산에서 그의 동료들과 함께 살았다. 그들은 몸을 더럽히지 않으려고 오직 풀을 음식 삼아 먹고 살았다."

- 쿰란의 거주자들 : 쿰란의 사람들이 자신을 '사막에 있는 존재'로 이해했다는 사실은 '사막에서 되돌아 올 자들'에 대해 말하는 시편 주석에 대한 그들의 관심을 반영하는 것일 수 있다(4Qp Ps 37:3,1). 생활규칙서(1QS 8:12~14; 9:19~20)는 마가복음 1장 3절처럼 광야에서 외치는 자의 음성에 대해 말하는 이사야 40장 3절을 인용한다. - 이사야 40장 3절의 인용이 구약성서에 의해 주어졌다고 해서 그 구절에 호소하는 모든 사람이 반드시 동일한 것은 아니다.

따라서 헬레니즘화된 도시 생활에서 물러나, 개발되지 않은 시골 지역에서 새로움을 추구한 서로 다른 자기 이해를 가진 집단들이 분명히 존재했다. 당시 부유한 로마인들에게 도심 생활의 대안은 '아버지로부터 물려받은 관습'으로 돌아가 시골 별장에서 전원생활을 하는 것이었지만, 팔레스타인의 도시에서 사막으로 물러나는 것은 훨씬 더 고된 금욕적 선택이었다. 그럼에도 로마인들처럼, 도시 밖에서 옛 시대를 이상화하고 그 유익한 전통과 관계를 맺으려는 보다 일반적인 관습 – 일종의 유행 - 도 있었다.

예수의 경우 두 모습이 모두 보인다. 한편으로는 도시에 대한 관심과 심판의 말씀이 있고, 다른 한편으로는 광야에서의 기도, 변화산 사건, 오병이어와 같은 보도들이 있다. 독일어 Wüste(사막)는 때때로 잘못된 연상을 불러일으킨다.

결론 : 고대 유대교에는 사막에서 새로운 시작을 찾으려는 매우 다양한 집단이 있었다. 그들은 결코 동일한 집단이 아니었다.

이제 더 신중한 방법의 다음 단계로 가보자.

주로 '에세네파'라는 표제어로 묶이는 집단들도 결코 하나로 동일하지 않다. 이 용어를 아주 넓은 의미로 이해하지 않는 한, 쿰란-에세네파를 동일시하는 주장은 충분히 논박될 수 있다. 에세네파에 관해서는 특히 필로와 요세푸스(주후 1세기의 그리스어를 사용하는 유대인)가 언급했지만, 그들의 기술 역시 일관되지 않다.

예를 들어, 요세푸스에 따르면 에세네파는 명목상 재산을 공유하는 확고히 조직된 공동체였으며, 성소와 거리를 두고 대부분 독신으로 사는 금욕적인 집단이었다. 반면 필로에 의하면 그들은 도시와 마을에 흩어져 살았다. 게다가 필로가 저술한 「명상적인 삶에 대하여」에서 묘사되는 치유자 공동체는 다른 집단들과 구별되어야 한다.

결론 : 당시 유대교에는 일정한 공동 사회적 틀 안에서 더 엄격하고 더 순수한 삶을 추구하는 여러 개혁 집단이 있었다. 이런 관점에서 보면, 초기 그리스도인들도 여기에 포함된다. 그러나 이 모든 집단을 하나의 종파로 묶는 것은 불가능하다. 이는 마치, 공산주의적 구조를 지닌 통일된 분파를 위해 현대의 '자연식품' 혹은 채식주의자들을 모두 하나로 묶는 것과 같다.

쿰란 집단의 '종파 구조' 여부를 떠나, 희년서를 근거로 몇 가지 고찰을 제시할 수 있다. 희년서는 창조부터 출애굽까지의 성서 역사를 새롭게 재구성한 책으로, 기원전 2세기 중엽에 쓰였다. 쿰란에서는 이 책의 사본이 최소 9개 확인되었다. 다마스쿠스 문서는 개별 규정들 속에서 부분적으로 이 신학의 '부연 설명'처럼 보이며, 특히 안식일 규정에서 그 흔적이 드러난다.

나는 희년서에 대한 주석 연구를 통해, 이 문서가 '종파 구조'를 전제하거나 목표로 하지 않고 이스라엘 전체를 대상으로 했으며, 전반적으로 이스라엘의 갱신을 추구하고 있음을 입증했다. 이것은 학계에서도 큰 이견이 없는 부분이다. 희년서는 특정 종파를 위해 쓰인 책이 아니다.

또한 다마스쿠스 문서에서 '다마스쿠스'라는 표현은 상징적인 우회 표현이라는 것이 이미 분명해졌다. 그러므로 설령 구체적인 집필 집단이 존재했다 하더라도, 그들은 자신들을 하나의 종파가 아니라 개혁 의지를 지닌 이스라엘의 핵심으로 이해했다. 이 문서는 아마도 디아스포라 유대인들('다마스쿠스 땅에 있는')을 대상으로 쓰였을 것이다. 왜냐하면 그들에게서 이스라엘의 갱신이 기대되었기 때문이다. – 이와 같은 자기 이해, 즉 '새롭게 갱신된 이스라엘의 핵심'이라는 인식은 초기 기독교인들에게도 동일하게 적용된다. 다마스쿠스 문서의 작성 주체가 개인적·지리적으로 제한된 집단이었다 하더라도, 이것이 곧 쿰란 집단과의 배타적인 동일성을 의미하지는 않는다.

쿰란의 거주자들

앞서 살펴본 내용을 종합하면, 핵심 문제는 쿰란 동굴에서 발견된 문서들을 통해 이 작은 정착촌 거주자들에 대해 과연 얼마나 많은 사실을 추론할 수 있느냐 하는 점이다. 발견된 모든 문서가 동시에 이 공동체를 위한 직접적이고 구속력 있는 규범으로 기능했다고 보기는 어렵다. 따라서 문자 그대로의 동일시를 전제로 한 귀납적 추론은 불가능하다. 그렇다면 남는 질문은, 이들이 이러한 문서들을 수집할 때 어떤 근본적인 관심을 가졌느냐는 것이다.

이를 오늘날로 비유하자면, 신약학자가 자신이 소장한 책들을 근거로 생활 방식을 결정할 수는 없지만, 그 책들로부터 자신의 관심사와 문제의식을 드러낼 수 있는 것과 같다.

다만, 다른 것보다 구체적인 실천과 더 밀접하게 연결된 유형의 텍스트가 있다. 따라서 쿰란 거주자들의 관심은 텍스트의 종류에 따라 서로 다른 수준의 구체성을 띠게 된다. 문학적 '수준'이나 (보다 조심스럽게 말해) '품질'은 이를 가늠하는 단순하면서도 유용한 기준이 될 수 있다. 예를 들어, 회계 장부나 계약서는 역사적 현실과 직접적으로 맞닿아 있지만, 축복문, 찬가, 하늘과 하늘의 예루살렘에 대한 묘사, 성서 본문의 재구성 등은 보다 보편적인 타당성을 요구한다. 참고로, 이것들은 '의심' 기준들이며, 개별 사례마다 실제로 타당한지 검증되어야 한다는 점을 명심해야 한다.

만약 이렇게 단계적으로 구체화된 관심사가 '문서들의 삶과의 근접성(Lebensnähe)'에 관한 기준으로서 일반적으로 동의할 만한 기반이 될 수 있다면, 그것은 쿰란 출처의 텍스트들에 대해 다음과 같은 의미를 지닐 수 있다. 즉, 일상적 실천의 구체성에 가장 깊이 접근하는 텍스트들일수록 쿰란 주민들에게 문자 그대로 적용되었을 가능성이 가장 높다고 볼 수 있다. 그 텍스트들은 다시 한 줄로 나열해 보면, 가장 구체적인 것부터 시작하여, 여기서 적용되는 태양력에 근거한 정확한 달력 계산, 점성술적 지침, 정결성 사례 규정과 식사 시의 상호관계에 관한 규정 등이 될 것이다. 이 모든 것은 동일한 소유자들에게 내용상 상충하거나 상이한 텍스트가 나타나지 않는 한 유효하다.

만약 이를 전제로 한다면, 예를 들어 1QS(생활규칙서)와 같은 결의론적 텍스트들이 여기서 실제로 실천된 관습들에 대한 가장 신뢰할 만한 추정을 뒷받침할 것이라고 말할 수 있다.

특수한 경우로는 최근의 인물에 대해 우회적으로 언급하는 텍스트들이 있다. 예를 들어 '의로운 교사'를 언급하는 다마스쿠스문서(CD)와 하박국 주석(1QpHab)이 이에 속한다. 쿰란에서 발견되지는 않았지만 같은 시대에 작성된 '모세의 승천기'의 탁소(Taxo)라는 수수께끼 같은 인물도 좋은 비교 대상이 된다. 이런 텍스트들을 소장한 사람이라면 아마도 그 인물이 누구인지 알고 있었을 것이다. 그러나 그것이 공동체의 창시자라든가 현실 정치에서 중요한 인물이었다는 결론은 반드시 따라오지 않는다.

이러한 비교적 부차적인 문서들을 제외하면, 쿰란에서 나온 수많은 텍스트들에 나타난 일반적인 관심이 무엇인지 물어야 한다.

이러한 관심사는 쿰란 텍스트들의 공통분모를 탐구함으로써만 재구성될 수 있다. 그리고 이것이 중요하다. 구약성서 에서는 덜 드러나지만, 이곳에 기록된 후기 문서들에서는 이 사람들이 가진 특별한 관심이 분명히 나타난다. 왜냐하면, 필로와 신약성서 등 이 시기 연대가 확인 가능한 저자들을 통해 알 수 있듯이, 구약 문서들은 상당한 정도로 모든 사람의 공동 소유였기에 덜 특별한 추론이 가능하기 때문이다.

우선, 이들이 두루마리(일부는 여러 사본)들을 수집한 이유는 무엇일까? 당시 새롭게 저술된 텍스트들이 이 질문에 답을 준다. 당시 팔레스타인의 유대교는 민족적·종교적 정체성을 강력히 추구했으며, '교부들의 글'과 다양한 가명 문헌에서 이러한 성향이 점차 뚜렷해졌다. 무엇보다도, 이 세기 동안 유대교는 경전과 책의 종교가 되었고, 이 기간에 정경의 경계가 확립되었다. 또한 문서들 자체에는 조상들의 글, 에녹과 아브라함, 셋의 말과 글, 대족장들의 '유언'과 이와 유사한 것들에 대한 언급이 있다. 이 시점에서 정경의 경계가 명확해지며, 기독교인들은 구약성서라 부르는 텍스트를 체계적으로 해석하기 시작했다. 이러한 체계적 해석은 기원전 1세기부터 이전에 완전히 알려지지 않았던 범위 내에서 나타나며, 알렉산드리아의 필로, 쿰란 텍스트들, 그리고 신약성서에서도 확인할 수 있다.

결론 : 서기 1세기 유대교에서 누구든 유대교의 갱신을 추구하려 했다면, 그것은 반드시 고대 또는 고대로 여겨지는 문헌들을 근거로 이루어졌다. 그리고 이것은 확실히 쿰란에만 국한된 일이 아니었다. 오히려 이는 유대교를 훨씬 넘어, 당시 헬레니즘적 통일 문화를 향한 각국의 저항이라는, 국제적인 현상이었다.

쿰란 텍스트 수집을 담당한 이들에게는 다음과 같은 '공통분모'가 존재했다. 그들은 히브리어와 아람어를 이해했으며(제7동굴에서 발견된 그리스어 단편의 역할은 불확실하다), 비교적 많은 시간을 독서(다수 문서의 여러 사본)로 보냈다. 그들의 삶은 분명히 종교적으로 각인되었는데, 이는 토라의 계명을 완화시키려는 것이 아니라 오히려 더 정확하고 구체적으로 규정하려는 의미였다. 그들은 믿음의 구체적인 실천에 관심을 가졌다. 이방인의 생활방식에 동화되어 헬레니즘화되는 모습은 찾아볼 수 없다. 오히려 희년서의 인기도와 안식일 존중은 헬레니즘화에 반대하는 경향을 뚜렷하게 보여 준다. 4Q 448에 나타나는 요나단 왕(알렉산더 얀네우스일 가능성) 찬가도 이러한 맥락에서 이해할 수 있다. 이는 쿰란 거주자들이 반헬레니즘적 관심으로 마카베오파와 연합했음을 시사한다. 이것이 가장 작은 공통분모다.

또한 새로 출판된 텍스트들에서 특히 두드러진 달력 계산 경향이 이를 뒷받침한다. 물론 나는 이를 특별히 '제사장적' 관심으로만 보지는 않지만, 안식일 강조는 반헬레니즘적 맥락에서 이해하는 것이 옳다고 생각한다. 왜냐하면 이교도 작가들이 유대교에 반응하며, 안식일을 유대교 정체성의 핵심이자 궁극적 상징으로 반복해서 보여 주기 때문이다.

이러한 이해관계에서 '정결' 개념은 매우 중요한 위치를 차지했다. 사람들은 이 개념에 관한 중요한 문서들을 지속적으로 구했다. 물론 이는 특정 사제들의 문제라기보다, 소수자 집단의 종교적 정체성과 관련된 문제였다. 왜냐하면 사제적 기준이 그룹 전체 구성원에게 적용되었기 때문이다. 쿰란 묵시문학적 텍스트 선택은 그들이 제의적 정결을 지킴으로써 천사들의 현존과 함께 다가올 마지막 때의 생존을 기대했음을 보여준다. 따라서 쿰란 다수 문서에서 나타나는 '사제적' 관심은, 사제 규칙 준수가 민족 구원을 위한 일종의 마술적·성례적 효과를 지녀야 한다는 당대의 광범위한 기대에서 비롯된 것이다. 그러므로 성전 직원만이 텍스트를 작성하거나 사용할 필요는 없었으며, 오히려 제의적 관심은 민족적 관심에 기여했다. 이러한 '제의적' 텍스트에 따른 이스라엘의 마술적·성례적 구원은 회개를 통한 내적 갱신의 또 다른 측면이라 할 수 있다. 이 텍스트들 전반에는 이스라엘의 포괄적 재건이 목표로 제시된다. 이러한 이유로 히브리어 문서가 특히 중요하며, 히브리어 사용은 민족적·종교적 전환의 표현이었다.

이와 같은 상황에서 예루살렘 성전에 대한 근본적 반대는 찾아볼 수 없다.

묵시문학적 종말론에 대한 관심도 있으나, 그것이 결정적인 요소는 아니다.

더 나아가 텍스트들은 특정한 공동 모임들(식사와 '제외 규정')에 대한 지속적인 관심을 보인다. 그러나 이는 영속적 '공동체 생활', 즉 수도원식 공동생활을 뜻하지 않는다. 오히려 마티아스 클링하르트(Mattias Klinghardt)는 최근 쿰란 텍스트에서 공동 식사와 공동체 규칙이 일반 헬레니즘 단체(특히 에세네파의 식사 규정)와 유사하다고 지적했다. 만약 이 유비가 적절하다면, 쿰란 그룹의 구조는 인근 다른 곳에서 확인되는 유대교 회중의 연합 구조와 다르지 않다. 고대 종교 단체들처럼, 기독교인들도 공동 식사에서 정체성의 중심을 발견했으며, 일부는 예수의 '주의 만찬'을 기념하기 위해 거행했다.

위에서 언급한 내용을 바탕으로, 쿰란 정착촌 주민들에 대한 전통적인 이미지에 대해 다음과 같은 중요한 변학들이 도출된다.

쿰란 거주자들은 당시 유대교 내에서 이국적인 특성을 지닌 특정 종파가 아니었다. 그들은 강렬하긴 했지만 매우 전형적인 종교생활 양식을 보였다.

이 점은 또한 우리가 쿰란 외부에서도 발견되는 정경 외 저작물들이 단지 쿰란에서만 읽힌 것이 아니라는 점을 설명한다. 특히 에녹 문헌, 희년서, 이미 언급된 유언 문헌(특히 12족장의 유언서)과 잘 알려진 '유언들'의 히브리어 짝본, 그리고 이 시기 유대교가 제시한 풍부한 기도문과 찬송가(제1동굴의 찬송가, 외경 시편, 다수의 기도문과 신비주의적 텍스트들)가 이에 속한다.

따라서 쿰란 사람들의 종교관은 세부적으로 이해하기 어렵지만, 그들의 기본 방향성은 파악 가능하다. 어떻게든 그들은 자신의 '믿음'을 이 문서들의 반영이자 정수로 여겼을 것이다.

이것이 맞다면, 이는 초기 기독교와 비교할 때 더욱 중요하다. 왜냐하면 쿰란 '공동체'를 예수 운동과 특별히 비교하는 문제가 아니라, 당시 유대교 전반의 표현으로서 신구약 중간사 문헌의 종교적 증언 문제이기 때문이다. 따라서 개별 그리스도인이 쿰란 거주자들과 직접적 접촉이나 동일성을 갖는 것은 전제 조건이 아니지만, 여기 보존된 텍스트들과 그 안의 종교적 관심은 어느 정도 팔레스타인(더 나아가 그 너머)의 당시 유대교를 대표한다. 결국 문제는 쿰란 그룹과 예수 공동체가 어떻게 연관되었는지에 있지 않고, 신약성서의 종교적 관점과 신구약 중간사 문헌의 종교성을 어떻게 해석하느냐에 달려 있다. 이것이 쿰란 텍스트들을 바라볼 때 도출되는 핵심 내용이다.

학자들의 쿰란 공동체 연구가 좁은 시각에 머문 것은, 당시 동시대 유일한 발견물들이 쿰란 문서들이었기 때문이다. 그러나 잘못된 점은 그것을 개별적이고 쿰란 현장에만 한정해 적용한 데 있다.

사실 대부분의 신구약 중간사 텍스트들은 쿰란 밖에서도 발견되고 전승되었으며, 이를 통해 이미 오래전에 예수 시대 팔레스타인 유대교를 추론할 수 있었다. 그러나 '비밀 집회'라는 테제는 더 폭넓은 일반화를 차단한다. 이는 과거에도 그러했고, 현재도 여전히 그러하다.

이 모든 것을 종합하면, 신구약 중간사 문헌 연구는 앞으로 더욱 중요하게 다뤄져야 한다는 결론에 이른다.

쿰란과 신약성서

IV. 신앙에 대한 위협?

 베이전트(Baigent)와 레이(Leigh)는 저서 The Dead Sea Scrolls Deception에서 사해 두루마리가 기독교 신앙에 심대한 위협이 될 수 있다고 주장하며, 그들의 서술에 한층 극적인 긴장을 더한다. 그들은 "지금까지 사람들은 예수의 가르침을, 이전에는 세상에 전혀 알려지지 않았던 독창적인 복음으로 여겨왔다"고 쓰고, 이렇게 묻는다. "우리는 과연 수백만 명이 위안과 희망을 찾아온 믿음을 단번에 무너뜨릴 수 있는가?" 저자들은 "우리는 종교적 폭발물, 즉 기독교 교리와 신앙의 전체 건물을 붕괴시킬 수 있는 무언가를 손에 쥐고 있다"고 믿는다. 따라서 종교재판소는 기독교 이전에 작성된 모든 문서의 연대를, 신약성서나 교회 전통에 의문을 제기하거나 손상을 가하지 않는 범위 안에서만 설정했을 것이라고 한다. 그들은 '교회의 가르침에 대한 반론'을 여러 차례 언급한다.

 그렇다면 두루마리의 출판 지연은 불편한 진실을 감추려는 가장 확실한 증거일까? 아니면 오히려 두 저자가 인위적으로 구성한 전형적인 음모론적 구도에 불과한 것일까? 다시 말해, 이 텍스트들이 '믿음에 위험하기' 때문에 인류로부터 숨겨져야 하는 것인가, 아니면 그 반대인가?

분명한 사실은, 지금까지 공개된 쿰란의 발견물들 가운데(아직 미출판 자료는 제외) 초기 기독교 인물을 한 명이라도 언급한 문서는 단 한 건도 없다는 점이다. 설령 그런 문서가 발견된다 해도, 그것은 어디까지나 저자의 관점과 시각을 반영한 것에 불과할 수 있다. 가령 '의의 교사'가 십자가형을 당하고, 제자들의 믿음에 따라 부활했다고 묘사하는 문서가 있다 해도(현재까지 그런 문서는 없다), 그것은 기독교 신앙의 불확실성을 뜻하기보다 오히려 기독교 신앙과의 교훈적 유비를 보여줄 것이다. 왜냐하면 당시 유대교의 일부 집단에서는 순교자의 부활 가능성에 대한 믿음이 일반적으로 존재했기 때문이다.

물론 쿰란 텍스트들 중에는 초기 기독교와 깊은 관련이 있는 자료들이 있으며(그중 일부는 매우 중요하고 아직 충분히 평가되지 않았다), 우리는 곧 그것들로 돌아갈 것이다. 그러나 그 전에, '신앙에 대한 위협'이라는 주장 속에 담긴 핵심 논점을 짚어야 한다.

의도적으로 '병행구'를 두려워하는 사람들은, 대체로 아무것도 모르는 신자들에게 그들이 전혀 이 세상과 무관한 기괴하고 초자연적인 것 – 혹은 교회의 권위를 무조건적으로 신뢰해야만 하는 것 – 을 믿고 있다는 인상을 은연중에 심어 준다. 모든 것은 완전히 새롭고, 그 유사물은 전혀 없으며, 인간적 한계나 오류는 전혀 없고, 역사성을 넘어선 절대적·신적인 것으로 제시되어야 한다는 것이다. 의심할 여지 없이, 강렬한 경건심, 특히 근본주의적 경건심은 이런 '단성론적' 경향을 띤다(소위 단성론자들은 예수의 신성을 강조하기 위해 그의 인간적 본성과 개성을 부인했다).

그러나 분명히 말할 수 있는 것은, 교회가 신약성서 정경을 확정한 목적은 오히려 예수의 지위를 지나치게 높이는 일을 피하기 위함이었다는 점이다. 정경으로 묶인 모든 텍스트는 복음을 인간의 구체적인 역사로부터 분리시키려는 시도를 막아내는 '버팀벽' 역할을 한다. 예수뿐 아니라 모든 성서 인물과 '교회 공동체' 역시, 그들의 신앙을 당시 주변 환경과 수신자들의 종교적 확신 속에서 형성해 갔다. 따라서 모든 경건에는 그 시대의 역사 속으로 우리를 온전히 끌어들이는 장치가 내재한다. 기독교 신앙은 언제나 이러한 역사와 초월 사이의 긴장 속에 존재한다. 이 점을 무시하면, 사람들은 "예수는 하나님의 아들이다"와 같은 신앙고백문을 역사적 맥락에서 떼어내어, 그것만을 기독교인들에게 제시하며 이렇게 말할 것이다. "보라, 이것이 바로 너희의 믿음이다!" 그렇게 되면 이 고백은 급경사처럼 인간으로부터 멀리 떨어져 불합리한 것으로 보이게 된다. 그러나 '하나님의 아들'이라는 칭호가 당시 유대교에서도 여러 인물들에게 사용되었던 술어라는 사실을 아는 사람은 많지 않다.

결론 : 성서적 진술(그리고 일반적인 신앙고백)을 역사적 맥락에서 떼어 놓는 사람은, 그것을 초인간적이고 비인간적으로 만들며, 결국에는 그것을 부조리한 것으로 만들어 버린다.

'계시'는 반드시 완전히 새로운 것과만 관련될 필요가 없다. 하나님의 말씀이 항상 새로운 것이어야 한다고 누가 말했는가? 그것이 오래된 것, 익숙한 것, 이미 입증된 것을 확인하고 고양시킬 수는 없는가? 하나님을, 전혀 새로운 아이디어에 의존해야만 하는 박사 과정 학생처럼 평가해야 하는가? 이는 너무 피상적인 판단이 아닌가? 그렇다면 우리는 새로운 문헌이 발견될 때까지 두려워해야 한다는 말인가? 그러나 그것은 우리가 '하나님'이라고 부르는 분에 대한 이해와 완전히 부합하지 않는 것 아닌가?

주변 세계의 유대교적 텍스트와 이교적 텍스트에서도 이웃 사랑과 원수 사랑이 언급된다면, 우리는 그것을 오히려 복음의 확증으로 받아들일 수 있지 않겠는가? 기독교가 다른 종교들과 '대립하여' 주목받아야 하는가, 아니면 그들 한가운데서 그 모습을 드러내야 하는가?

'모습을 드러내다'라는 것은 초기 기독교에서 선교적으로 매력적인 것으로 여겨졌던 바로 그것을 의미한다. 그것은 종교사적 유일무이가 아니라, 구체적인 인간 행위와, 부당함 속에서도 인내로 견뎌야 하는 고통의 명백한 구체성이다.

기독교의 특징이자 유일성은 새로운·독창적인 사상이나 프로그램이 아니라, 예수의 영향사와 예수와 그를 따르는 자들 간의 관계의 역사에 있다. 그리고 유일한 점은 그들이 도덕적으로 모범적인 사람들이라는 데 있지 않다(신약 전체가 이미 다른 사실을 전하고 있다). 오히려 유일성은 이 이야기 자체에 있다. 그렇기 때문에 예수의 영향사는 뒤집을 수 없다.

이렇게 이해되는 유일성은 시간을 초월한 절대성이 아니다. 그것은 또한 예수의 메시지가 '나를 위해' 가질 수 있는 명증성과 구별되어야 한다. 따라서 나에게 분명한 것이 '진리'로 여겨질 수 있는지의 여부와 그 이유는, 예수의 영향사가 나에게 도달하고 영향을 미치는지의 여부와 그 방식에 달려 있다. 명증성은 내가 주어진 삶의 모델과 이와 연관된 약속을 통해 더 잘 살고 더 잘 죽을 수 있을 때에 존재한다.

위대함과 유일성에 대한 현대적 이해는 특히 개인의 독창성이라는 관념으로 특징지어진다. 그러나 바로 이 점에서 우리의 관점이 신약성서의 관점과 분명히 다르다는 것을 알 수 있다. 신약성서의 기적 이야기는 이미 구약에서 예언자들에 대해 전해지는 기적 이야기를 조심스럽게 반복한다(약간의 차이는 있음). 예를 들어, 마가복음 5장 21~43절의 '죽은 자를 살림'은 열왕기상 17장 17~24절과 열왕기하 4장 18~37절(엘리야와 엘리사)에, 마가복음 6장 35~43절과 8장 3~9절의 '급식 이야기'는 열왕기하 4장 42~44절(엘리사)에 대응된다. 왜냐하면 다음이 중요하기 때문이다: 누군가가 더 위대하고 더 중요할수록, 그는 과거의 다른 위대한 인물들과 더 닮아간다. 그들과 더 닮을수록 그의 정당성은 더 확실해진다. 그것도 하나님의 동일한 필적이기 때문이다. 다시 말해 그는 정확히 자신의 중요성을 입증하는 '복사본'이자 동일한 부류다. 위대한 사람은 자신이 아는 다른 인물에 관한 모든 것을 더 강렬하게 실현할수록, 그 위대함이 입증된다. 그러므로 스트라우스(D. F. Strauss, 『예수의 생애』, 1835/36, 1861) 이래로 비평적 성서 해석이 주장해 온 것과 달리, 구약의 보도와의 유사성은 그 이야기를 '무가치하다'고 선언할 이유가 되지 않는다. 그리고 어떤 사건이 실제로 일어났는지의 여부는 오늘날에 이르러 긍정적으로든 부정적으로든 결정되어서는 안 된다. 신약 시대의 사람들에게 유일하게 중요한 질문은 모든 옛 약속의 담지자를 찾았는가 하는 것이었다. 그가 거기에 있었다면, 오래된 이야기와 약속들이 있었고, 그것들이 그 안에서만 이해할 수 있는 아우라와 지평을 형성했다.

신약성서에 대한 동시대의 유비도 마찬가지다. 예수는 알려진 모든 예언자, 선견자, 현인, 순교자로부터 일정 부분 특징을 빌려왔을 것이다. 하나님의 사자들에게 타당했던 모든 선하고 유익한 것이 이제 그에게도 타당해야 했고, 또 타당할 수 있었기 때문이다. 하나님이 일하시는 곳에서는 분명히 '규칙적인 반복'이 중요한 법이다.

이 점은 우리의 사고방식과 중요한 차이를 이룬다. 르네상스와 종교개혁 이후, 우리에게 신앙과 종교의 영역은 '규칙적인 반복'에서 가능한 한 자유로워야 했고, 대신 우리는 그것을 (본질적으로 같은 시기 이래로) 자연 속에서 발견했다. 신앙과 종교성에서 오직 개인의 창의성과 독창성만이 중요하게 되었고, 19~20세기에 '시인'에 대한 종교적 평가가 독창성에 대한 이러한 종교적 찬양과, 그에 상응하는 '규칙'의 평가절하의 최종 결과가 된 것은 놀라운 일이 아니다. 그러나 신약성서에서는 전혀 다르다.

따라서 "모든 것이 이전에 이미 있었다", "이 모든 것은 다른 곳에도 있다", "이것은 다른 곳에서 전해진 것이다"라는 문장들은 초기 기독교와 예수에 대한 진술에 전혀 해를 끼치지 않는다. 오히려 모두 '그렇다'고 대답해야 한다. 그러나 그것들은 결정적인 것, 곧 왜 이 모든 것이 예수에게 전해졌는지, 왜 사람들이 그것을 무조건적으로 예수에게 적용하기를 원했고 또 그렇게 할 수 있었는지를 설명하지는 않는다.

비유하자면, 아름다운 소녀가 가장 아름다운 꽃과 장신구로 꾸며질 때, 모든 것은 그녀의 아름다움 속에 살아있는 것만을 가리키는 것과 같다. 비밀과 놀라움, 한 인물에 대한 매혹은 늘 이미 존재하는 오래된 말로만 묘사될 수 있다. 압도적으로 놀라운 것은 이미 존재하는 이미지로만 표현될 수 있다.

다른 예언자들이 이미 유사한 이야기를 했다고 해서, 그것이 곧 역사성 – 즉 사건의 실제 발생 – 에 대해 아무 말도 하지 않는 것은 아니다. 물론 사실성, 즉 사건 발생 여부에 대해서는, 당시 사람들이 그것을 오늘날 우리와 다른 방식으로 인식했기 때문에, 동일한 수준의 '경험'으로 결정할 수는 없다.

그러므로 기독교 신학에 병행구를 드러내는 텍스트의 발견을 두려워하는 사람(또는 실제로 그런 두려움을 느끼는 사람)은 성서 메시지의 핵심, 즉 종교적 실재를 유형론과 오래된 전승 이미지로 파악하고 형성하는 것을 이해하지 못한 것이다.

그런데 The Dead Sea Scrolls Deception의 저자들이 드보 신부에 대해서 그의 신앙이 텍스트 발굴물로 인해 손상될 필요는 없었지만, 오히려 두루마리 자체가 그의 신앙 때문에 손상되었다고 주장할 때, 그들은 단지 '사기 혐의'라는 의혹을 덧붙인 채, 결국 같은 암시를 주고 있는 셈이다. 즉, 발굴된 문서 자체를 위조할 필요가 있었다는 것이다. 그러나 이러한 주장에는 아무런 증거의 흔적 조차 존재하지 않는다.

게다가 독일 대중의 경우 '성(性)적 의혹'은 항상 중요한 역할을 한다. 예수가 결혼했을 것이고(물론 막달라 마리아와), 자녀를 두었을 것이라는 등의 주장이다. 이에 대한 최소한의 증거조차 없는데도, 이는 무엇보다도 모든 랍비가 결혼해야 했다는 사실에 기반한다. 이와 관련해 먼저 물어야 할 것은, 왜 이런 의혹이 그토록 흥미를 불러일으키는가, 그리고 왜 그것이 판매대에서 특종 기사로 취급되는가 하는 점이다. 이러한 의혹과 함께 곧바로 '공개'에 대한 관심이 높아진다.

수 세기에 걸친 기독교 성교육은 종종 종교와 성이 서로 경쟁 관계에 있다는 인상을 주었는데, 그 관계는 항상 성에 불리하게 작용했다. 따라서 높은 성덕(聖德)은 성을 배제한다는 사고가 자리잡았다. 이러한 인기 없고 억압적인 경쟁이 바로 기독교의 뿌리에 있는 위선이라는 사실을 폭로해주는 모든 보도에 얼마나 감사해야 할까. 누적된 불만은 이렇게 폭발할 수 있다. 수 세대를 이어온 개신교 목사관조차도, 이런 폭로가 개혁적 신중함에 타격을 줄 것이라는 점에서 아무 것도 바꾸지 못했다.

그러나 유감스럽게도 현재로서는 아무 것도 공개할 수 없다. 우리가 아는 한, 세례자 요한과 예수, 그리고 바울은 랍비들이 결혼해야 한다고 후대에야 기록된 규정에는 속하지 않는다. 오히려 그들은 유대 전승이 전하는, 예언자 엘리야·에스라·다니엘에 관한 보도에서 보듯, 예언자적 인물들의 독신 전통에 속했다.

V. '공동체'의 조직

이제 우리는 쿰란 텍스트의 진술과 신약성서의 진술을 항목별로 비교하려 한다. 비교는 가장 구체적인 내용에서 시작해 점차 신앙관으로 옮겨갈 것이다. 여기서 중요한 것은 차이점을 강조하지 않는 것이다(물론 쿰란 공동체 사람들은 예수를 믿지 않았다). 오히려 초기 그리스도인들을 같은 가족의 친척, 즉 서로는 형제자매로, 쿰란 사람들과는 사촌으로 보는 관점이 필요하다.

거룩한 집으로서의 공동체

공동체를 '몸'이라고 지칭하는 것은 당시 로마 제국의 국내 정치 상황에서 나온 이미지다. 우리가 지금까지 쿰란 문서에서 이러한 이미지를 발견하지 못한 것은, 그 기원이 명백히 이방 세계에 있다는 사실 때문이다. 그러나 쿰란에는 '몸'의 이미지를 대체하고 또 그것과 대조되는 다른 공동체 표상이 있다. 그것은 바로 벽과 모퉁잇돌, 기초를 갖춘 집의 이미지다.

소위 생활규칙서는 공동체를 이렇게 묘사한다 : "이것은 시험을 거친 성벽이며, 흔들리지 않는 기초 위에 세워진 귀한 모퉁잇돌이며, 아론의 지성소다…"(1QS 8:7~9) 즉, 공동체 전체가 벽과 모퉁잇돌, 기초처럼 견고하여 성전으로서의 자격을 갖추고 있다는 것이다.

 집의 같은 구성 요소는 에베소서에서도 나타난다 : "여러분은 사도들과 예언자들이 놓은 기초 위에 세워진 건물이며, 그리스도 예수께서 그 모퉁잇돌이 되십니다. 그리스도 안에서 건물 전체가 서로 연결되어 주님 안에서 자라 성전이 됩니다. 그리스도 안에서 여러분도 함께 세워져 성령께서 거하시는 하나님의 처소가 됩니다."(엡 2:20~22)

 여기서도 핵심은 공동체, 집, 기초, 모퉁잇돌, 성전이다. 다만 쿰란 문서와 달리, 기초와 모퉁잇돌이 사도들·예언자들·예수 그리스도로 알레고리적으로 해석된다는 점이 다르다. 에베소서는 전통적 이미지를 기독교적 의미로 재해석하여 차별화한 것이다.

 베드로전서도 동일한 이미지 자료를 사용한다 : "주님께 나아오십시오… 살아 있는 귀한 돌입니다. 살아 있는 돌과 같이 여러분도 집 짓는 데 사용되어 신령한 집이 됩니다… 거룩한 제사장이 되십시오… 집 짓는 자들이 버렸으나 그는 모퉁잇돌이

되셨습니다."(벧전 2:4~7)

여기서도 집, 돌, 모퉁잇돌, 성전의 이미지가 공동체와 예수 그리스도와 연결되어 있다. 특히 에베소서와의 유사성이 두드러지는데, 두 본문 모두 '나아감'(엡 2:18)과 '성령'을 언급하며, "그리고 여러분도…"라는 동일한 구문으로 시작한다(엡 2:22; 벧전 2:5).

따라서 초기 그리스도인들은 함께 모일 때 자신들을 쿰란 텍스트 속 유대인들처럼 '성전', '거룩한 집'으로 여겼다. 이는 예루살렘 성전을 부정한 것이 아니라, 그 성전을 모방하고 재현한 것이다. 그들에게는 '하나님의 집'이 있으며, 사람들이 함께 모이는 것이 하나님을 둘러싼 기초와 벽과 같다는 인식이 매우 중요했다. 이러한 훌륭한 시각 – 오늘날 안타깝게도 사라져 버렸지만, 우리가 쿰란 텍스트와 신약성서 두 구절을 통해 확인할 수 있는 – 은, 하나님께서 인간들 사이에 공간을 마련하시고, 사람들이 함께 모여 거룩한 장소를 이루기 때문에 그 가운데 거하신다는 통찰을 제공한다.

12인 협의체

소위 쿰란의 생활규칙서(1QS)에 따르면, 이스라엘 전역에서 모인 12명의 남성이 여기에 기술된 그룹에서 중요한 역할을 담당한다("공동체 회의에는 계시된 모든 일에 완전한 12명의 남자와 3명의 제사장이 있어야 한다"). 이 12명을 '이스라엘의 거룩한 집'이라 부르고, 3명의 제사장을 '아론의 지성소 서클'이라 칭한다(1QS 8:1~6). 지금까지는 세 명의 제사장이 열두 명의 사람들에 별도로 더해져야 하는 것인지, 아니면 이미 그 안에 포함되어 있는 것인지가 분명하지 않았다. 그러나 새로 발견된 텍스트(4Q 251 3:7)에 따르면, 모두 15명이었던 것으로 보인다. 이 남성들은 '완전한 거룩함'으로 구별되며, 가르치는 권위자의 역할을 맡았다. 이는 성서에 담긴 특별한 지식이 그들에게 전해진다고 믿었기 때문이다. 이들은 설립자 그룹으로 간주되며, 사악한 자들과 구별되어 '광야에 들어가 주의 길을 예비하는 자들'이라 불렸다(1QS 8:10). 그들은 '귀한 모퉁잇돌'과 기초에 비유되며, 그들의 순결한 삶은 이스라엘의 불경건을 속죄하는 역할을 했다(1QS 8:10). 이들이 이스라엘에 속한 자임은 어디서나 확인할 수 있다. 다만 이 서클이 실제로 존재했는지, 아니면 단지 문서상의 이상적 존재인지에 대해서는 의문이 남는다.

한편, 예수 주위에 모인 열두 제자도 분명히 새로워진 이스라엘의 대표자들이었다. 마태복음에 따르면 이들은 '완전한 사'이며(마 19:21 : "네가 완전한 사람이 되려고 하면..."은 마 19:28 : "너희도 ... 열두 보좌에 앉아서 ..."에 속한다), 판결 직무를 맡고 있는 자들(마 19:28 : "... 이스라엘 열두 지파를 심판할 것이다.")로 묘사된다. 누가복음에서는 이들이 성서 해석을 위한 표준적인 권위자들이었다. 왜냐하면 이들은 부활한 분으로부터 성서에 관한 가르침을 받았기 때문이다(눅 24:45 : "그때에 그는 성서를 깨닫게 하시려고 그들의 마음을 열어주셨다."). 1QS에서 열두 사람을 '기초'라 칭하는 것과 마찬가지로, 요한계시록 21장 14절에서는 열두 사도의 이름이 새 예루살렘의 기초석에 새겨져 있다. 가장 오래된 증언에 따르면, 예수가 부른 열두 제자는 당시 '사도'라 불리지 않았다.

따라서 기원전 1세기에서 기원후 1세기 사이에 사람들은 이스라엘의 갱신이 12명의 새로운 대표자들로부터 시작된다고 믿었다. 이들은 옛 열두 족장들의 대응물과 같은 존재이며, 예수는 야곱에 비유될 수 있다. 이들은 '이스라엘의 장로'로 불릴 수 있다. 예수를 위한 증인들의 협의체와 대조해 보면, 1QS에서는 세 명의 제사장이 더해진 15인 체제를 나타내는데, 이는 아마도 이차적이며 후기의 발전된 형태일 것이다. 왜냐하면 이스라엘과 아론의 대조 구분은 결코 더 오래되거나 근본적이지 않기 때문이다. 그러나 예수가 자신의 메시지를 12인 협의체에 맡긴 것은 주목할 만하며 종종 간과되는 사실이다. 예수는 당시의 관념을 참고하여 12인 서클의 모습과 기능을 일부 따랐다.

결론적으로, 예수와 쿰란의 몇몇 텍스트들에서만 12인 협의체에 의한 이스라엘의 '집중적' 갱신 개념이 발견되며, 여기에는 매우 확실한 접점이 존재한다.

열두 지파의 상징은 쿰란 성전두루마리(11Q19-20)에서 특별한 역할을 한다. 성전 운영 조직 시 원칙적으로 이스라엘 12지파의 완전수를 고려한다. 따라서 '이스라엘의 천부장들'은 숫양 12마리를 제물로 바쳐야 하고(컬럼(Col.) 19), 각 지파 거주지에서 첫 열매와 기름을 바쳐야 한다(컬럼 22). 이스라엘의 왕(!)과 관련하여 컬럼 57에서는 36명으로 구성된 왕실 평의회를 언급한다: "그의 백성의 12명 대표가 그(왕)와 함께 있을 것이며, 제사장 12명과 레위인 12명이 판결과 율법을 위해 함께 회의를 개최할 것이다."

생활규칙서와 비교할 때, 여기서는 제사장(이는 완전히 새로운 점)과 레위인이 각각 완전수 12명으로 대표된다. 이 구절과 성전두루마리 전반에서 12라는 숫자 상징은 요한계시록 21~22장에 나타난 하늘 예루살렘의 제의적 성격과 그 거주민이 제사장적 성격을 띠는 점에 대해 새로운 빛을 비춘다. - 다만 예수의 열두 제자와 원 교회 공동체 '성전'의 세 기둥인 베드로, 요한, 야고보가 어느 정도 선전을 대표하는지, 혹은 새 성소를 섬기기 위해 임명되었는지에 대해서는 추가 질문이 필요하다.

성전두루마리의 같은 컬럼에서는 왕이 즉위하는 날에 열리는 집합도 언급한다. 20세에서 60세 사이 남성은 "백부장, 오십부장, 십부장이 지휘하는 (군대) 진영에 모여야 하며, 왕은 이들 중에서 12,000명을 군사로 선발할 것이다." 예수도 왕이었으나 어떤 용사도 선택하지 않았고, 심지어 그가 선택할 수 있었던 12군단의 천사들조차 포기했다(마 26:53). 예수 전승에서는 12라는 숫자 상징 외에도 진영(군대) 상징론이 매우 중요했다. 이제 우리는 후자에 초점을 맞출 것이다. 12 숫자 상징과 관련해 특히 주목할 점은, '빵의 증식' 사건이 열두 바구니의 남은 음식을 언급하며 마무리된다는 사실이다(막 6:43).

진영

급식보도에서 오직 마가만이 언급하는 짤막한 기사, 즉 예수가 무리를 백 명씩 또는 오십 명씩 앉게 했다는 내용(막 6:40)은 지금까지 전혀 수수께끼였다. 이것이 실제로 어떻게 가능했을까? 사실 여기에는 구약성서의 구원 진술에 대한 상응을 의식한 유형론적 사고방식이 작용하고 있다. 출애굽기 18장 21, 25절에 따르면, 광야의 이스라엘 진영은 천, 백, 오십, 열 명 단위로 나뉘어 있었다. 신약성서의 화자는 이 가운데 두 가지 중간 규모(백과 오십)를 취한 것이다.

그런데 동시대 쿰란 텍스트들에서도 바로 이 '진영' 개념이 살아 있었다. 우리는 이미 성전두루마리에서 이를 확인했고, 1QS 2:21~22에는 이렇게 기록되어 있다: "그리고 세 번째로, 모든 백성은 천, 백, 오십, 열 명씩 차례로 정렬하여, 이스라엘의 각 사람이 하나님의 공동체 안에서 자기가 맡은 위치를 알 수 있도록 해야 한다…" CD와 1QM에서도 사람들이 '진영'에 거주한다는 사실이 반복해서 강조된다("그리고 그들이 땅의 규칙에 따라 진영에서 살면 …"). – '진영'은 단순한 거주지가 아니라 조직의 한 형태였다. 왜냐하면 이 그룹들은 자신들을 새로운 구원의 때로 인도될 탈출 공동체로 이해했기 때문이다.

이와 같은 맥락에서, 예수도 무리를 '진영에 앉히듯' 광야에 앉혔다. 따라서 예수의 급식은 만나 사건에 상응한다(이에 대해서는 요 8장에 나오는 급식 해석을 참조할 것). 광야는 새로운 구원을 준비하는 장소였다.

성전두루마리에 따르면, 진영은 왕이 즉위하는 날에 편성된다. 그러므로 진영의 모티브와, 예수를 왕으로 세우려는 무리의 열망(요 6:15), 그리고 열두 제자를 암시하는 열두 광주리가 급식보도 안에서 함께 나타나는 것은 놀랍지 않다. 빵으로 무리를 먹이는 일은 신약 시대 통치자와 왕의 특징이자 특권(!)이었기 때문이다. 열두 광주리는 상징적으로 열두 제자권을 가리키며, 이방 지역에서의 급식을 다루는 마가복음 8장 8절의 일곱 광주리는 예루살렘 헬레니즘계 유대인 공동체의 일곱 집사 그룹과 병행 관계를 이룬다.

따라서 쿰란 텍스트들과 비교해 보면, 특히 급식보도 안에 왕적 모티브가 복음서 전반에 걸쳐 두드러지게 축적되어 있음을 확인할 수 있다. 급식 자체, 진영 구분(마가복음), 숫자 12의 상징, '왕'이라는 키워드(요 6장)는 성전두루마리에서 왕의 즉위일과 관련해 기록된 내용과도 맞닿아 있다. - 그러나 동시에 쿰란 텍스트들과의 차이점도 분명하다. 예수의 경우 모든 군사적 측면은 완전히 배제되고, 모든 것이 순전한 기적이다. 쿰란과 유사한 유대적 기원의 요소들은, '위대한' 기적 행위자로서 하늘로부터 부여받은 창조력, 그리고 온유한 헬레니즘적 철학자-왕의 특성을 가장 순수하게 구현하는 왕의 이미지 속에서 재해석되고 변형되었다.

결론 : '진영' 개념의 갱신은 출애굽 사건의 기억을 환기 시키는 동시에, 당시 환경에서 비롯된 전형적인 왕적 모티브들을 포괄한다. 두 요소 모두 임박한 구원의 때에 대한 기대를 반영한다. 초기 기독교인들은 쿰란 텍스트들의 저자들과 동일한 모티브와 이미지를 사용했으나, 예수의 왕권의 특징을 훨씬 더 뚜렷하게 드러냈다. 다음에서 살펴볼 측면들 역시 광야의 상황을 잘 보여준다.

광야에서의 주의 길

마가복음 1장 2~3절은 세례자 요한에 대해 이렇게 전한다: "기록된 바와 같이, … 광야에서 외치는 이의 소리가 있다. 너희는 주의 길을 예비하고, 그의 길을 곧게 하여라." 그리고 위에 인용된 쿰란 텍스트 1QS 8:13~14에는 다음과 같이 기록되어 있다: "광야로 들어가 거기서 주의 길을 예비하기 위해 … 기록된 바와 같이, 너희는 광야에서 주의 길을 예비하고, 우리 하나님의 길을 곧게 하라." 두 경우 모두 이사야 40장 3절이 인용되며, 동일하게 '기록된 바와 같이'라는 도입 정형어구로 시작한다.

출애굽 당시와 마찬가지로, 광야는 구원의 완성된 장소가 아니라 구원을 위한 갱신과 준비의 장소다. 1QS에 언급된 공동체에게도, 그리고 요한에게도, 광야는 잃어버린 군중으로부터의 분리를 의미한다. 이는 실천된 회개의 가시적 증거였다. 실제로 '회개'라는 단어는 1QS, CD, 찬송가, 전쟁두루마리 등에서 가장 빈번하게 사용되는 핵심 어휘 가운데 하나다.

따라서 양측의 공통점은 단순히 외적 형태에만 있는 것이 아니다. 그것은 본질적인 차원에서도 일치한다. 곧, 철저한 새로운 시작을 위해 시급히 요구되는 회개다. 이러한 회개는 기독교 이전 시기에 이미 세례자 요한의 사역을 통해 구체적으로 드러났다. 그는 광야에서 회개를 선포하며, 세례를 베풀었다.

세례와 잠수 목욕

쿰란 텍스트들에 나오는 잠수 목욕과 기독교 세례의 관계는 지금까지 생각했던 것보다 훨씬 가깝고 강렬하다. 그러나 여기에는 구별해야 할 두 가지 전통이 있다. 하나는 회개 세례, 다른 하나는 성령 수여로서의 세례다.

세례자 요한은 물속에 잠기는 유일회적 회개 세례의 창시자로 옳게 평가된다. 그의 세례는 다른 종교적 씻음과 비교할 때 두 가지 특징을 지닌다. 첫째, 유일회적이다. 둘째, '구원을 중재하는 선지자'로서의 요한과 같은 후원자에 의해 집례된다. 물론 요한이 제사장(또는 제사장의 아들)으로서, 마치 부정한 그릇을 물에 담그듯(레 11:32) 세례 받는 자를 직접 물속에 밀어 넣었을 가능성은 낮다. 오히려 그는 엘리야의 제자 엘리사와의 유사성을 의식했을 가능성이 크다. 왜냐하면 엘리야/엘리사 유형론은 세례자와 예수에 관한 초기 전승에서 널리 사용되었기 때문이다. 이 가정에 따르면, 열왕기하 5장 8~14절에서 선지자 엘리사가 나병환자 나아만을 요르단강으로 보내어 일곱 번 몸을 담그게 함으로써 깨끗하게 한 것처럼, 요한도 세례자를 직접 잠수시키지 않고 예언적 명령으로 요르단에서 세례를 받게 했을 것이다. 그는 이러한 세례 모델을 자신의 회개 선포와 독특하게 결합했을 수 있다.

한편, 쿰란의 일부 텍스트들(CD, 1QS, 4Q 414; 단, 1QM은 예외)도 종교적 성격의 잠수 목욕을 증언한다. 그러나 이것은 유일회적이 아니며, 스스로 정결을 추구하는 사람이 집행한다. 결정적인 점은, 1QS에서 잠수 목욕은 반드시 회개를 위한 준비가 선행되어야 한다는 것이다. 하나님의 계명에 복종하는 사람은 누구든 잠수 목욕에 참여할 수 있었고, 이는 죄의 '제거'의 완성, 즉 육체적 정결을 나타냈다. 그러나 실제적인 죄 사함은 '하나님의 참된 뜻'의 영에 의해 이미 이루어졌다(1QS 3:6~8).

새로 공개된 쿰란 텍스트들 중에는 잠수 목욕 중 드린 기도나 찬송을 담은 단편도 있다(4Q 414). 이들은 '속죄', '언약', '하나님의 거룩하심'을 주제로 하며, 한 유대인 여성도 언급된다.

쿰란 텍스트들과 요한의 세례는 모두 회개의 촉구를 전제로 하며, 잠수 목욕을 가시적 봉인이자 실천된 회개의 표현으로 다룬다. 차이는 반복성에 있다. 1QS의 씻음은 종말론적 맥락과 직접적으로 연결되어 있지 않지만, 요한의 세례와 초기 기독교의 세례는 종말론적 기대와 깊이 결부되어 유일회적 성격을 지닌다. 그리스도의 희생이 유일회적인 것과 같은 이유다. 따라서 요한의 세례는 1QS에서 보듯 회개의 표징으로 시행된 유대적 잠수 목욕을 토대로 발전했다고 확실히 말할 수 있다. 이는 다른 순교자들의 처형과 예수의 죽음을 비교할 때와 유사하다. 순교자의 죽음이 하나님의 진노를 진정시키듯, 요한의 세례도 그와 같은 의미를 지녔다. 결정적인 기독교적 요소는 구조적이었다. 이 씻음과 이 순교자 죽음은 마지막이자 궁극적인 사건이었다. 하나님이 너무 가까이 계시므로, 더 이상 무한히 연장되는 시간 개념은 생각할 수 없었다. 그리고 그것이 최종적 결정이었기에, 사적으로가 아니라 하나님의 대리자를 통해 집행되었다. 요한과 기독교의 세례는 더 이상 시대를 초월한 종교 행위가 아니었고, 작은 방이 아니라 공개적으로, 마지막 때의 하나님의 사자들 앞에서 집행되었다.

따라서 쿰란 텍스트들과 신약성서는 물세례를 회개의 완결로 이해했다. 이 유사성은 세례자 요한과 초기 기독교인들 사이에 존재하는 시간 이해의 차이보다 더 중요한 공통점이다.

요한의 회개 세례와 최종적 성령 수여로서의 세례는 구별되어야 한다.

쿰란 텍스트들에서도 기대된 하나님의 영의 부어짐은, 생활규칙서가 말하듯이, 마지막에 일어날 사건이다 : "그는 모든 사악한 행위를 정화하기 위한 정화수와 같은 진리의 영을 그들 위에 부어 주실 것이다…"(1QS 4:21~22) 이 부어짐은 유일회적 사건이며, 모든 악의 종말을 의미한다. 또한 이는 세례자(집행자)에 의해 수행되는 것이 아니라, 상대방이자 주체인 하나님께서 행하신다. 하나님의 영은 물처럼 흩뿌려진다. 이런 점에서 세례와 유사하지만, 이 사건은 의식(儀式)적으로 집행되는 것이 아니라, 텍스트에 따르면 마지막 때 성령 수여에 대한 구상적 묘사로 이해되어야 한다.

반면, 초기 기독교인들은 요한의 세례와 구별되는, 성령 수여를 위한 합당한 세례를 알고 있었다(예: 요 3:5 "물과 성령으로 나지 아니하면…").

두 형식을 비교하면 이렇게 말할 수 있다. 위에 인용된 1QS 4에서 유대교가 종말의 기대를 구상적 표현으로 남겼다면, 초기 기독교의 세례(성령 수여로서의 물세례)에서는 그것이 전례 형식으로 구체화되었다. 우리는 이를 '은유의 전례화'라고 부를 수 있다. 초대 교회의 성례전 전례에서도 유사한 과정을 자주 볼 수 있다. 예를 들어, 세례식에서 성령의 기름 부음을 기대하는 것에서 실제로 기름을 바르는 예식이 발전한 경우가 있다

결론적으로, 요한의 세례는 쿰란 텍스트들에서 증언된, 특히

회개와 관련된 잠수 목욕의 실행과 많은 접점이 있다. 그러나 동시에, 성령 수여로서의 후기 기독교 세례와도 명백히 연결된다. 쿰란 텍스트들이 마지막 때를 위해 구상적으로 표현한 기대는, 초기 기독교에서 전례 행위로 변모했다.

따라서 쿰란 텍스트들의 사상이 기독교 세례론으로 변화한 두 경로를 제시할 수 있다. 첫째는 전례의 유일회적 성격이고, 둘째는 은유의 전례화다. 그러므로 쿰란 텍스트들의 진술들은 기독교 세례론으로 향하는 더 오래된 단계로 간주될 수 있다.

만찬

우리 문화권에서 공동식사는 고대부터 모든 공동체의 중심이자 삶의 핵심이었다. 이와 관련한 대표적 표현이 바로 '주의 만찬'이다.

바울과 누가 유형의 초기 기독교 공동체에서 공동식사는 그리스도인의 삶 자체에서 가장 집중된 현실이었다. 누가와 바울은 이 공동식사를 예수가 마지막 만찬에서 지시한 행위로 소급시킨다("이것을 행하여 나를 기념하라"). 마가와 마태 역시 이 만찬에 대해 기록한다.

쿰란의 두 텍스트도 공동체에 대한 유사한 그림을 보여 준다. 1QS 6:2~5에는 이렇게 기록되어 있다: "그들은 함께 먹고, 함께 찬양하며, 함께 의논할 것이다… 그리고 식사를 준비하거나 새 포도주를 준비할 때, 제사장은 먼저 손을 내밀어 빵과 새 포도주의 첫 열매에 대해 찬양을 드려야 한다." 비슷하게 1QSa 2:17~21은 메시아를 모실 마지막 때 공동체의 식사 규칙을 정한다. 제사장이 축사를 하고, 그 다음 이스라엘의 메시아가 먼저 축사하며, 이어서 다른 이들이 차례로 축사한다. 이 규칙은 10명 이상의 남성 그룹에 적용된다.

기독교 만찬과 쿰란 공동식사의 공통점은 다음과 같다. 공동식사는 종교 단체의 필수 요소이며, 식사의 주인('가장')이 빵과 포도주(또는 새 포도주)를 축사한다. 예를 들어, 예수는 "빵을 들어 축사하시고… 잔을 들어 감사를 드리고…" 하셨다. 그리고 마지막 때를 염두에 둔 1QSa 텍스트에서도 메시아가 식사 때 축사를 한다고 설명한다. 항상 최고위직의 인물, 즉 가장이나 집주인이 축복의 책임을 맡는다. 예수도 엠마오에서 제자들과의 식사 중 집주인이자 가장의 역할을 하였고, 이로써 제자들은 그를 알아보았다(눅 24:30~32).

빵에 대한 축사는 모든 유대인 가정에 공통된 관습이다. 최후의 만찬과 엠마오 식사, 그리고 쿰란 텍스트들은 이 가정 관습이 단순한 가족 단위를 넘어 종교 공동체로 전용된 예를 보여 준다.

가장 중요한 차이는 인용된 쿰란 두 텍스트에서 제사장이 우선권을 가진다는 점이다. 그러나 제사장의 우선권은 쿰란 텍스트들 전반에 걸쳐, 예를 들어 12명 그룹에 3명의 제사장이 더해진 경우에서도 공통적으로 나타난다. 초기 기독교 텍스트들은 메시아가 주인으로 등장해 축사한다는 점에서, 보다 일반적인 유대인의 기대에 더 부합한다.

이러한 유사성은 특정 유대적 전제, 즉 빵과 포도주에 대한 축사가 고대 제의 단체에서 비롯되었다는 점에서 설명된다(M. Klinghardt 참조). 쿰란 공동체와 초기 기독교 공동체는 정기적으로 모여 공동식사를 하였으며, 이는 제의 단체에 속함을 의미한다. 이러한 식사는 특히 좌장과 재정 관리 측면에서 엄격히 규제되었다. 따라서 기독교 직임의 변천은 공동식사의 역사 없이는 이해할 수 없다.

결론적으로, 기독교의 '주의 만찬'과 만찬을 언급하는 일부 쿰란 텍스트들 사이에는 세례의 경우와 같이 특별한 일치점이 없다. 오히려 기독교 공동체의 만찬과 쿰란 텍스트들에 따른 만찬들은 당시 종교적 단체들이 제시한 공통된 규범에 기반을 둔다. 그러나 사람들이 단체 형태로 조직될 때는 언제나 '파문'과 같은 단체의 경계가 부각된다.

파문

마태복음에 따르면 예수는 이미 파문에 대해 다음과 같이 말했다: "네 형제가 죄를 짓거든 가서 단 둘이 있는 데서 그를 책망하라. 그가 네 말을 들으면 너는 그 형제를 얻은 것이다. 그러나 듣지 않거든 한 두 사람을 더 데리고 가라. 두 세 증인의 입으로 모든 사실이 확증되도록 하기 위한 것이다. 그러나 그들의 말도 듣지 않거든 공동체에 말하고 공동체의 말도 듣지 않거든 그를 이방사람이나 세리와 같이 여기라."(마 18:15~17)

우리는 예수의 이 말씀을 '그의 진정한 의도가 아니었다'고 해석할 수도 있다. 그러나 그렇게 단정하는 순간, 예수가 공동체 안에서 제자들과 함께 생활하는 모습을 상상했는지, 혹은 현대적 의미의 종교적 개인주의자를 떠올렸는지에 대한 전제가 들어가게 된다. 지나치게 단순화하지 않으려면 다음을 고려해야 한다. 예수는 유대인이었고, 유대인들에게 종교는 철저히 공동체 차원에서 이해되었다. 그렇다면 예수는 사람들에 대해 늘 장밋빛 이상론만 말하고, 관계의 어려움은 결코 언급하지 말아야 했는가? 왜 그런 문제들은 언제나 예수와는 무관한 것으로 여겨져야 하는가?

한편, 바울은 가장 초기 서신 중 하나에서 이미 엄격한 파문 절차를 알렸다. 그리스도인들은 모두가 알 수 있도록 모여, 중

대한 죄를 지은 사람(아마도 그 상태를 계속 유지한 사람)을 엄숙히 '사탄에게 넘겨야' 한다(고전 5:5). 바울의 생각에 따르면 사탄은 이 사람을 육체적으로 파멸시킬것이다. 그러나 그렇게 함으로써 그의 죄가 속죄되고 결국 그 자신은(영생을위해) 구원받을 것이라고 바울은 믿었다. 다시 말해, 사탄에 의해, 그리고 교회 공동체 밖에서 어느 정도 그 범죄의 짐이 제거되어야만 하는 것이다.

쿰란, 특히 새로 발견된 텍스트들에는 예수와 바울이 말한 두 절차와 가장 가까운 병행 구절들이 있다.

마태복음 18장에 나오는 예수의 말씀은 다음과 같은 업무 처리 절차를 제시한다: 단 둘이 있는 데서 책망 - 두세 증인 앞에서 책망 - 공동체 앞에서 책망 - 파문. 1QS 5‒6장과 CD 9:34 역시 거의 동일한 절차를 따른다: 단 둘이 있는 데서 책망(복수가 아닌 '책망'에 무게를 둔다) - 증인들 앞에서 - 문제를 '많은 사람들' 앞에 드러냄. 다만 쿰란 텍스트에는 '파문'에 관한 언급은 없다. 예수와 쿰란 두 텍스트 모두 레위기 19장 17~19절에 관한 깊은 해석을 제공하는데, 이는 형제와 이웃을 미워하지 말고 책망하라는 명령이며, 복수를 하지 말고 사랑할 것을 강조한다. 분명히, 책망하는 과정은 좀 더 구체적으로 설명될 필요가 있었다. 마태복음에 따르면 예수는 쿰란 두 텍스트와 같은 방식을 따른다.

이러한 공통점은 어디에서 비롯된 것일까? 레위기 19장 17~19절은 유대인의 공동생활에 매우 중요했다. 그곳에는 이웃을 사랑하라는 계명이 있으며, 우리가 오늘 더 잘 이해하는 '이웃을 자기 자신처럼 사랑하라'는 것은 막연한 사랑이 아니라, 이웃의 실수와 잘못에 대해 보여 주는 사랑을 의미한다. 이 문제는 매우 민감하므로, 처리 절차는 예수와 쿰란 텍스트 모두에서 레위기 19장 17~19절에 대한 해석을 토대로 공동체의 실천적 지침으로 발전했다.

결국, 이러한 공통점은 오직 하나님의 율법과 뜻에 따라 공동생활을 이와 같이 형성하기를 진지하게 소망한 유대 공동체에서만 가능했을 것이다.

쿰란 텍스트들이 파문을 언급하지 않는 것은, 여기서는 아무도 파문할 수 없었고 원하지도 않았다는 것을 나타낸다: 마태와 대조적으로, 이것은 분명히 세리와 이방인들에 의해 어느 정도 둘러싸여 있던 선교적 공동체의 문제가 아니라, 평생토록 연합할 수 있는 유대인의 정착지 문제였다.

마태복음 18장에 나오는 '공동체'(그리스어 : 에클레시아)라는 표현은 유대인 자치 정부의 기간을 가리킬 수 있다; 이 단어는 간음녀가 '회중' 앞에서 공개적으로 책망을 받는 문제를 다루는 집회서 23장 24절에서도 유사하게 사용된다.

V. '공동체'의 조직

바울이 고린도전서 5장에서 말한, 공동체가 누군가를 '사탄에게 넘겨주라'는 명령과 매우 유사한 내용이 쿰란의 세 텍스트(그 중 두 편은 최근에 공개된 것)에서도 발견된다. 이미 잘 알려진 1QS 2:4~18에서는 레위인들이 '벨리알의 제비뽑기에 속한 자들'(즉, 악마의 몫이 된 자들)을 저주하며, 그들은 '공동체 가운데서 제거되어야 하고'(고전 5:13 "그 악한 사람을 여러분 가운데서 제거해야 합니다"와 비교), '용서받지 못할 것'이라 한다. 공동체는 이 엄숙한 저주에 이중의 아멘으로 응답한다. 바울과 마찬가지로 이는 악인을 사탄의 몫으로 내쫓는 집단 행위임을 보여준다.

최근에 발견된 4Q 287에서는 악마(벨리알)와 그의 제자들, 즉 특정 천사들과 모든 악마의 자식들이 '불결한 더러움'(4행)(고린도전서 5장에서 다뤄진 심각한 문제와 관련됨) 때문에 계속 저주받는다고 기록되어 있다. 여기서도 '반대편'에 대한 공동의 엄숙한 저주가 중심이며, 공동체는 이중의 아멘으로 반응한다.

가장 흥미로운 텍스트는 현재 4Q 266으로, 제사장이 행악자를 기도로 3개월마다 반복 저주하는 과정을 다룬다. 명시적으로 "그렇게 쫓겨난 자는 반드시 사라져야 한다"고 기록되어 있다. 또한 그와 함께 음식을 먹거나 쫓겨난 자의 형편을 묻거나 그와 교제하는 자는 감독관이 기록해야 하며, 그렇게 하면 그의 심판이 완전하게 이루어진다고 한다. 바울도 유사하게 "그런 사람과 사귀지 말고 식사도 같이 하지 말라"고 말했다.

이와 비슷한 기록을 포함하는 목록도 있는데, 4Q 477에서는 '공동체 정신에서 돌이킨' 자나 허용되지 않은 사람·물건과 '섞였다'는 이유로 책망받는 이들이 언급된다. 이 두 키워드는 고린도전서 5장에도 나타난다. 특히 5장 5b절에서 '영'을 죄인이 아니라 교회와 연관시키는 해석이 있고, 불법적인 성교로 인해 그를 배제하고 관계를 끊는 문제(고전 5:11, '사귀지 말 것')와도 연결된다.

결론적으로, 우리는 바울이 고린도 교회를 위해 쿰란 텍스트들에서만 알 수 있었던 한 관행을 사용했음을 더 정확히 알게 되었다. 그것은 '악마의 자식들'이라 불리는 자들을 공동으로 저주하고 추방하는 집단적 행위였다. 이들은 자기 운명에 빠져 죽음에 이르는 자들이다. 다만 바울에 따르면 저주받은 자의 새 속사람은 결국 구원을 받으므로, 저주는 일시적이며 영원을 위한 것이 아니다.

오직 한 아내와 살기

기존 연구에서는 쿰란의 전(全) '공동체'가 수도원처럼 독신자로 살았다고 가정했다. 많은 텍스트들이 여성에 대해서는 언급하지 않는다. 그러나 이미 이 텍스트들을 단순히 '공동체'의 현실로만 읽어서는 안 된다는 점이 밝혀졌다. 오늘날에는 더 이상 쿰란 공동체가 독신 공동체였다고 보는 이는 없다. 결국 최근 발견된 텍스트들 가운데는 부모에 대해 언급하는 부분도 있기 때문이다.

하지만 남녀 관계에 관한 한 가지 중요한 지점에서, 예수의 선포와 놀랍도록 문자 그대로 일치하는 부분이 있다. 즉, 하나님이 인간을 남자와 여자로 창조했다는 잘 알려진 창세기 구절(창세기 1:27)이 예수(막 10:6)뿐 아니라 다마스쿠스문서(CD 4:20~5:2)에도 인용되는데, 여기서는 하나님이 남자와 여자를 서로를 위해 창조하셨다고 해석하며, 이는 결혼과 관련된다. 이는 오직 하나의 합법적인 결합만이 있음을 뜻한다. 더 나아가, 예수는 구약 텍스트 인용을 '그러나 창조의 태초부터…'(막 10:6)라는 문구로 시작하며, 다마스쿠스문서 4장 21절은 '그러나 창조의 기초는…'으로 기록되어 있다. 쿰란 텍스트와 마찬가지로 예수도 창조(질서)를 언급하며, 이것을 논증의 실제 근거로 삼았다. 따라서 인간의 창조가 단수형으로(남자와 여자) 언급된 것은 모든 시대와 모든 결혼에 적용된다. 바로 이런 의미에서 아담과 이브의 결혼에서 하나님은 '신부 인도자'로 이해되기도 한다. 아담과 이브의 관계는 모든 결혼의 기본 모델이 된다.

이처럼 예수의 말씀과 쿰란 텍스트 사이에는 상당한 공통점이 있지만, 적용에서는 차이가 있다. 쿰란 텍스트는 한 남자가 평생 동안 두 명의 아내를 두는 것을 금지한다. 즉, 한 남자는 단 한 번만 결혼할 수 있으며, 첫 번째 부인이 죽은 후에도 재혼할 수 없다. 여성도 마찬가지다. 반면 예수는 구전 전승에서 확실히 전달된 증명 과정에서 이혼에 반대하는 입장을 표명한다. "하나님이 짝지어 주신 것을 사람이 나누면 안 된다." 다만 배우자가 죽은 후 재혼에 대해서는 아무 언급도 하지 않았다. 이는 당시 문제로 떠오르지 않았으며, 분명히 허용된 것으로 보인다. 이 점에서 그는 쿰란 텍스트보다 덜 엄격했다.

그렇다면 예수와 다마스쿠스문서 사이에 이렇게 광범위한 일치가 나타나는 이유는 무엇일까? 예수가 쿰란 출신이거나 그 학교를 다녔을 가능성은 거의 없다. 오히려 예수는 동시대 유대교의 틀 안에서, 쿰란 텍스트들 중 하나와 결혼에 관한 보다 엄격한 이해를 공유하며, 창세기 1장 27절을 같은 방식으로 정당화하는 입장에 가깝다. 이는 초기 기독교의 관점이 단순히 구약의 해석에서만 나온 것이 아니라, 동시대 유대교 내 여러 해석 실천의 틀 안에서 형성되었음을 뜻한다. 예수도 여기에 참여했으며, 당시 다른 유대교 그룹들과 마찬가지로 창세기 1장 27절을 인용했다. 다만 유일한 '새로운 점'이라면 나마스쿠스문서 4장에 이혼 금지 조항이 포함되었으나, 해석의 범위를 이혼에만 한정했다는 사실이다.

이로써 우리는 쿰란 텍스트들을 고립된 '분파'의 산물로만 보지 않고, 당시 유대교 전반의 흐름을 전형적으로 보여주는 자료로 평가하는 것이 얼마나 중요한지 다시 확인하게 된다. 그렇지 않으면 예수의 말씀과 관련한 일치점과 차이점을 설명하기 어렵기 때문이다.

VI. 종교적 실천

안식일에 생명 구하기

인간은 여섯째 날에 창조되었고, 안식일은 창조의 일곱째 날이다. 이는 인간이 자기 자신이나 일을 위해 창조된 것이 아니라, 안식일과 그 안식의 기쁨을 위해 창조되었음을 분명히 보여준다. 따라서 유대교에서 안식일 계명을 어떻게 해석할 것인가는 사소한 문제가 아니다. 안식일에 일을 금하는 문제는 인간 삶의 의미와 직결된다.

누가복음 14장 5절에서 예수는 안식일에 병자를 고치는 것을 이렇게 변호한다 : "너희 중에 아들이나 소가 우물에 빠졌는데, 안식일이라 하여 끌어내지 않을 사람이 있겠느냐?"

논리는 분명하다. 안식일에 노동이 금지되어 있더라도, 생명을 위협하는 상황이라면 어린아이 한 명이나 귀한 가축 한 마리를 구하는 일은 가능하다. 그렇다면 예수가 수종(水腫)으로 고통받는 사람을 고쳐주는 것은 더욱 마땅한 일일 것이다.

오늘날 우리는 쿰란 텍스트들을 통해 예수가 관계했던 유대교적 논쟁에 직접 접근할 수 있게 되었다. 예를 들어, 다마스쿠스문서(11:13~14, 16)에서는 가축에 대해 이렇게 규정한다 : "만일 그것이 우물이나 구덩이에 빠졌다면, 그는 그것을 안식일에 끌어올려서는 안 된다... 사람이 물웅덩이나 다른 곳에 빠졌을 경우에도, 누구든 사다리나 밧줄이나 다른 도구를 사용하여 그를 끌어올려서는 안 된다."

이는 가축 구조를 전면 금지하고, 심지어 사람을 끌어올리는 경우에도 어떤 도구 사용을 금지하는 것이다(아마도 도구가 없어 맨팔로 하는 것까지 금지했을 가능성이 있다). 따라서 다마스쿠스 문서는 예수가 논증 속에서 '당연히 허용될 것'이라 전제한 행위를 본질적으로 부정하고 있는 셈이다.

그러나 새로 공개된 쿰란 텍스트들 가운데는 다른 입장을 보이는 것도 있다. 4Q 251:5~7은 다음과 같이 기록한다 : "사람은 안식일에 물에 빠진 소를 끌어올려서는 안 된다. 그러나 사람이 안식일에 물에 빠졌다면, 그를 돕기 위해 겉옷을 던질 수 있다. 다만 어떤 도구도 집어 들어서는 안 된다."

다마스쿠스 문서 11장과 비교하면, 이 규정은 더 완화된 형태를 보여준다. 도구를 사용해 사람을 구조하는 것은 여전히 금지되지만, 최소한 의복을 던져 사람을 끌어올리는 것은 허용하고 있기 때문이다.

따라서 쿰란 텍스트들은 누가복음 14장 5절에서 예수가 한 발언을 이해하는 데 중요한 배경을 제공한다. 이 텍스트들은 예수가 논증을 전개한 토론의 틀을 제시한다. 즉, 안식일에 금지된 노동, 사람 구조와 동물 구조, 그리고 두 경우 모두 '구덩이에 빠진' 상황이 바로 그 틀이다. 이 자료들은 본질적으로 의사 결정의 여지가 존재했음을 보여준다. 흥미로운 점은, 예수가 자신의 주장을 뒷받침하기 위해 쿰란 텍스트들에 나오는 해결책을 전제로 삼지 않았다는 것이다. 오히려 그는 신명기 22장 4절(소나 나귀를 돕는 규정이지만 안식일에 대한 언급은 없는)을 근거로, 보다 진보적인 해석을 제시했을 가능성이 크다. 그 결과, 누가복음 14장 5절에 비추어 재구성해 보면, 예수 당시 유대교에는 안식일에 사람이나 가축이 구덩이에 빠지면 반드시 구조해야 한다는 견해가 존재했음을 알 수 있다. 이는 쿰란 텍스트들에 제시된 것보다 한층 더 전향적인 입장이었다.

후대인 5세기의 바빌로니아 탈무드에서는 안식일의 생명 구호 문제에 대해 다음과 같이 규정한다: "어린아이가 구덩이에 빠지는 것을 보면, 흙을 치우고 아이를 끌어올려라. 빠를수록 더 칭찬할 만하며, 계단을 만들어도 법원의 허락은 필요 없다."(바빌로니아 탈무드, 요마(Yoma) 편, 84b)

여기서는 예수가 전제한 원리가 그대로 드러난다. 특히 '계단(사다리)'에 대한 언급은, 이 주제가 오래된 논쟁이었음을 시사한다.

결론: 예수는 단순히 안식일 계명을 폐기한 것이 아니라, 누가복음의 기록에 따르면 당시의 논의를 정확히 이해하고 그 논의 속으로 들어갔다. 그리고 상호 모순되는 쿰란 텍스트들과 비교해 보면, 예수는 동시대 문서들이 허용하는 범위보다 인간 생명 구원의 원칙을 훨씬 넓게 해석했음을 알 수 있다. 그러나 그렇다고 해서 예수가 무제한적인 자유를 주장한 것은 아니었다.

심령이 가난한 사람들

예루살렘의 아람어를 사용하는 그리스도인 공동체는 신약성서에서 종종 '가난함'으로 묘사된다. '예루살렘 성도들 가운데 가난한 사람들'이라는 표현이 있었는데, 이들은 '가난한 자들'로 특징지어졌다. 바울이 헌금을 모금할 때에도, 그것이 '가난한 사람들'을 위한 것임을 강조하여 참여를 독려했다. 그러나 공동체가 스스로를 단순히 '가난한 사람들'이라 불렀던 것인지, 아니면 실제로 전체가 빈곤했는지는 논란의 여지가 있다. 이로부터, 이 공동체가 일종의 공산주의적 실험 때문에 가난해졌다는 등의 기이한 이론도 제기되었다. 그러나 이것은 여기서 다룰 주제가 아니다. 오히려 중요한 점은, 예루살렘의 그리스도인 공동체가 스스로를 '가난한 사람들'이라고 불렀다는 확실한 증거가 없다는 사실이다. 로마서 15장 26절의 "성도들 가운데 가난한 사람들"이라는 표현은, 공동체 전체가 가난했다는 뜻이 아니라, 예루살렘의 그리스도인들 중 일부가 가난했다는 것을 전제한다.

그런데 쿰란 텍스트들의 사람들은 스스로를 '가난한/겸손한 사람들'이라고 불렀다. 히브리어는 이 두 개념을 동일하게 '아나우(anaw)'라는 단어로 표현한다. 이 이중적 의미는 1세기 당시 중요했다. 왜냐하면 경건하고 겸손한 사람들은 이방 점령 세력과 협력하지 않았기 때문에, 부를 크게 축적할 가능성이 거의 없었기 때문이다.

쿰란 텍스트들의 사람들과 초기 기독교 공동체는 전반적으로 특별히 긴밀한 관계를 맺고 있지는 않았다. 다만 이렇게 말할 수 있다. 종교적으로 헌신한 유대인은 부유하기 어려웠고, 초기 기독교인들과 쿰란의 경건한 사람들은 같은 사회·정치·종교적 상황 속에 있었다. 이러한 맥락에서 사람들은 '가난한 자의 경건'이라는 표현을 사용했다.

그러나 양자는 한 가지 점에서 밀접하게 연결된다. 마태복음 5장 3절에서 예수의 첫 번째 복 선언은 이렇게 전해진다. "심령이 가난한 사람들은 복이 있다. 하늘나라가 그들의 것이기 때문이다." 누가복음은 이를 더 간결하게 전한다. "가난한 사람들은 복이 있다. 하나님의 나라가 너희들의 것이기 때문이다."(눅 6:20) 그런데 '심령이 가난한 사람들'이라는 표현이 무엇을 뜻하는지 사람들은 종종 궁금해한다. 대중적으로는 이를 어리석거나 단순한 사람과 연결 짓는 경우가 있고, 또 어떤 해석은 – 다소 위선적으로 – 이를 '내적 빈곤', 즉 물질적 재산으로부터의 영적 자유로만 이해하며, 실제 빈곤과는 무관하게 본다. 그렇게 되면, 실제로 가난할 필요는 없고, 재산이 넉넉하더라도 특별한 문제가 없는 한 마음만 조금 내려놓으면 된다는 식이 된다.

첫 번째 복 선언의 의미는 쿰란 텍스트를 통해서 비로소 명확히 이해할 수 있다. 제1동굴에서 발견된 두 텍스트에는 '심령이 겸손한 사람들'이라는 표현이 등장한다. 예를 들어 1QM 14:7은 이렇게 기록한다: "그리고 (하나님)은 무릎이 떨리는 자들의 두들겨 맞은 목에 허리의 견고함과 견실함을 주신다. 그리고 심령이 겸손한 자들을 통해서 굳어진 마음이 ... 그리고 행실이 온전한 자들로 말미암아 사악한 민족들이 멸망할 것이다." 여기서 '무릎이 떨리는 사람들', '두들겨 맞은 목을 지닌 사람들', '행실이 온전한 사람들', '심령이 겸손한 사람들'은 동일한 범주로 묶여 있다. 이로써 '정의'와 '위협당하고 끊임없이 괴롭힘을 당하는 존재' 사이의 연관성이 뚜렷해진다. 중요한 점은, '심령이 가난한/겸손한 사람들'이 어리석거나 단지 내

면적으로만 가난한 이들을 가리키는 것이 아니라, 실제로 육체적·정신적 고통 속에 살아가는 종교적 태도를 지닌 사람들을 의미한다는 것이다. 마태복음 5장에서도 같은 맥락이 드러난다. 5장 10~12절에서 '심령이 가난한/겸손한 사람들'은 '박해받는 사람들'과 대응하기 때문이다.

두 번째 예로, 1QH 14:3에서는 '심령이 겸손한/가난한 사람들'이 '진리의 사람들', '정결한 사람들'과 병행해 언급된다. 비록 이 구절에는 결손 부분이 많지만, 같은 찬송 두루마리 1QH 5:22에서는 '은혜의 가난한/겸손한 사람들', 즉 하나님의 은혜를 입은 사람들을 언급한다.

결론 : 마태복음 5장 3절의 '심령이 가난한 사람들'은 낙심하고, 맞으며, 심리적 고통 속에 사는 억압받는 의인으로 이해해야 한다. 이 표현은 물질적 재산의 유무에 대해 직접적으로 언급하지 않으며, 간접적으로도 그것이 중요하다고 보지 않는다. 쿰란 텍스트 덕분에 우리는 이 표현이 담고 있는 의미를 보다 정확히 파악할 수 있다. '가난한 사람들'이라는 말은, 다음에 다루게 될 또 다른 그룹인 '부르심을 받은 사람들'처럼, 해당 공동체의 종교적·사회적 자기 이해를 드러낸다.

부르심을 받은 사람들

신약성서에서는 교회 공동체를 가리키는 명칭으로 종종 '부르심을 받은 사람들'(die Berufenen), 문자적으로는 '~라 불린 사람들'(die Gerufenen)이라는 표현이 등장한다. 우리가 흔히 이렇게 번역하는 그리스어 클레토이(kletoi)는 사실 훨씬 좁은 의미를 지닌다. 본래 뜻은 '청함을 받은 사람들', 더 정확히 말하면 축제나 연회에 '초대된 손님'이라는 의미다. 그럼에도 불구하고 이 단어는 아무런 근거 제시 없이 늘 더 일반적인 의미인 '~라 불린 사람들'로 번역되어 왔다.

그런데 쿰란 텍스트들에서만 '~라 불린 사람들'이 곧 '선택된 사람들'과 동일하다는 사실을 확인할 수 있다. 예를 들어, 4Q 247 34행에는 이렇게 기록되어 있다: "이 기간 동안에 부르심을 받은 사람들이 모일 것이다." 이 문맥은 마지막 때를 다루는 역사적 묵시록이다(위 다니엘서). - 비슷한 내용은 이미 다마스쿠스 문서(CD) 4:3~4에도 나타난다: "사독의 아들들은 이스라엘의 택함을 받은 사람들이며, 통칭 마지막 날에 나타날 자들이라 불린 사람들이다."

결론 : 쿰란 텍스트들을 통해서만 우리는 '~라 불리는 것'이 곧 '부르심을 받는 것'이자 '택함을 받는 것'과 동일하다는 사실을 알 수 있다. 결과적으로, 전통적인 번역은 비록 근거를 제

시하지 않았더라도 직관적으로 올바른 의미를 포착한 셈이다.

지금까지 예수의 또 다른 말씀 – 귀신 축출 문제 – 과 관련해, 초기 기독교에서 사용된 특정 단어의 의미는 추측에 의존할 수밖에 없었다. 쿰란 텍스트들에는 귀신 축출에 관한 언급이 거의 없지만, 이 문맥에서 예수가 사용한 중요한 이미지인 '힘센 자'의 결박은 쿰란 텍스트들을 통해서만 제대로 이해할 수 있다.

힘센 자를 결박하기

예수의 가장 불가사의한 말씀 중 하나는 마가복음 3장 27절의 비유다: "그러나 먼저 힘센 자를 결박하지 않고서는 아무도 그 힘센 자의 집에 들어가서 세간을 털어갈 수 없다." 확실한 점은, 이 말씀이 예수의 귀신 축출을 위한 논거로 사용되었다는 것이다. '힘센 자를 결박하는 것'은 강력한 주문으로 귀신을 추방하여 무력하게 만드는 행위를 뜻하는 것이 분명하다. 그래야만 귀신에 사로잡힌 사람을 구할 수 있기 때문이다.

그런데 4Q 532에는 "힘센 자들이 결박될 것이다"라는 문구가 나온다. 문맥은 하늘에서 내려온 수호천사들이 마귀들을 이 땅에 데려온 이야기를 다룬다. 이미 알려져 있듯이, 이 마귀들은 결박될 운명에 있다. 에녹은 그들에게 이렇게 말한다: "…너희들을 영원히 땅에서 결박하라는 명령을 받았다."(에티오피아어 에녹서 14:5 ; 쿰란에서 발견된 아람어 버전에서도 비슷하게 "영원의 모든 날 동안 너희를 결박하라…"라고 기록되어 있다. 유다서 6절과도 비교)

결론 : '힘센 자의 집을 약탈한다'는 비유에서, 예수는 귀신 축출의 전문 용어를 사용한다. '힘센 자를 결박한다'는 표현은 악령의 강력한 지도자를 추방하는 것을 의미한다.

기도의 실천

신구약 중간기 유대교에서 가장 결정적이고 뛰어난 종교적·신학적 성취는 노래, 찬송, 기도, 축도, 그리고 찬미에서 드러난다. 이러한 증거들과 초기 기독교의 깊은 경건 및 하나님에 대한 생생한 믿음을 인위적으로 분리하려는 시도는 도무지 이해할 수 없다. 오히려 여기서 우리는 예수와 같은 메시아, 바울과 같은 열정적인 신학자를 온전히 이해할 수 있는 '환경'을 분명히 확인할 수 있다. 쿰란에서 발견된 찬송들 – 특히 제1동굴에서 출토된 찬송(1QH)과 제4동굴에서 나온 수많은 기도문들 – 이 모두 이러한 증거들에 속한다. 다음 몇 가지 예가 이를 잘 보여줄 것이다:

1QH 10:5~12 : "저는 먼지와 재입니다. 주님께서 그것을 원하지 아니하시면, 저는 무엇을 생각해야 합니까? 그리고 주님의 의 없이 저는 무엇을 계획해야 합니까? 주님께서 저를 세우지 아니하시면, 제가 어찌 견고함을 얻으리이까? 그리고 주님께서 저를 위해 그것을 준비하지 않으시면, 제가 어떻게 통찰력이 있으리이까? 그리고 주님께서 저의 입을 열지 않으시면, 어떻게 제가 말하리이까? 그리고 주님께서 저를 가르치지 아니하시면, 제가 어떻게 대답하리이까? 보소서, 주님께서는 신들의 군주이시고 명망가들의 왕이시며 모든 영의 주이시고 모든 피조물의 통치자이십니다. 그리고 주님 없이는 아무 것도 이루어지지 않으며, 주님의 의지 없이는 아무 것도 알 수 없습니다. 그리고 주님 외에는 아무도 없으며, 주님과 힘이 비슷한 자는 아무도 없습니다. 그리고 주님의 영광 앞에는 아무 것도 없으며, 주님의 능력에는 값이 없습니다. 그리고 주님의 기이하고 위대한 피조물들 중에서 누가 주님의 영광 앞에 설 수 있겠습니까? 그렇다면 그가 - 그는 그의 먼지로 되돌아갑니다 - 어떻게 (힘을) 낼 수 있겠습니까? 주님께서는 오직 주님의 영광을 위해 이 모든 것을 만드셨습니다!"(로제(E. Lohse) 역)

인간은 하나님 앞에서 자신의 상태를 겸손히 고백한다. 바울신학과 마찬가지로, 일반적으로 하나님의 영광이 하나님의 모든 행위의 궁극적인 목적임을 강조한다.

1QH 11:22~32 : "그리고 나서 저는 도움의 치터와 기쁨의 하프 … 그리고 끝없는 찬양의 피리를 연주하고 싶습니다. 그리고 주님의 모든 피조물 중 어떤 것이 주님의 경이로움을 말할 수 있겠습니까? 주님의 이름이 모든 입을 통해 영원무궁토록 찬양을 받으시옵소서… 슬픔과 탄식과 불의는 없을 것이며 … 주님의 진리는 영원한 영광과 영원한 평화를 위해 빛날 것입니다. 복되소서, 당신께서는 당신의 종에게 지식의 통찰력을 주셔서 주님의 기사를 이해하고 주님의 은혜가 충만한 것을 알게 해주시는 주님이십니다. 자비와 은혜의 하나님, 주님의 크신 능력과 주님의 진리의 충만함과 주님의 모든 일에서 주님께서 베풀어주신 풍성함을 따라 주님께 감사를 드립니다. 제가 주님의 선하심을 고대하고 주님의 은혜를 바라는 것처럼, 주님의 진리로 주님의 종의 영혼을 기쁘게 해 주시옵소서. 그리고 주님께서는 주님의 용서로 저의 고통을 덜어주셨고, 슬픔 가운 있는 저를 위로해주셨습니다; 왜냐하면 제가 주님의 자비를 의지했기 때문입니다."(로제(E. Lohse) 역)

인간은 하나님의 자비와 지혜의 선물에 대해 감사드린다. 그는 찬양과 감사가 오직 하나님께만 적합하다는 것을 잘 알고 있다.

다음에 소개할 텍스트는 쿰란 문헌 중에서도 가장 아름다운 것 중 하나로 여겨진다. 이 텍스트는 '신비한' 체험의 증언이다. 쿰란 텍스트들은 신약성서와 마찬가지로 초기 유대교 신비주의 현상에 대해 깊이 있는 증거를 제공한다. 예를 들어, 요한계시록 4장의 보좌 환상이나 같은 책에서의 찬송들(예 : 계시록 7:12 "찬송과 영광과 지혜와 감사와 존귀와 권능과 힘이 …")과 같은 초기 기독교의 환상 텍스트들은 이보다 더 넓은 신비적 배경 속에서 이해될 수 있다.

4Q 286: "주님의 명예의 자리와 주님께서 서 계신 지극히 높은 곳에 있는 주님의 영광의 발판과 주님의 거룩함의 사다리 횡목(올라가는 시작 부분), 그리고 주님의 무리와 바퀴인 천사들과 함께 한 주님의 영광의 병거, 그리고 주님의 모든 신비, 불의 기초, 주님의 빛의 불꽃, 명예의 광채, 발광 현상의 불쏘시개, 놀라운 광채, 명예와 권세와 영광의 위엄, 신성한 신비와 광명의 장소, 그리고 근원의 아름다움의 위엄, 존엄, 그리고 권능과 존귀와 찬양과 대단한 기적 행위와 치유와 기이한 일의 중심, 숨겨진 지혜와 지식의 원형과 식별력의 근원, 계시의 근원과 거룩함의 모략과 숨겨진 진리, 의의 아들들을 위한 식별력의 보고와 정직의 처소, 하나님을 두려워하는 사람들과 선함과 진리로 말미암아 하나님을 두려워하는 사람들을 모으는 장소, 그리고 영원히 자비로운 사람들과 기이한 비밀들, 이것들이 나타날 때에 … (우리는 축복하기를 원합니다) … 땅과 (그 안에) 거하는 자들, … 거기에 거하는 자들, 땅과 그 모든 기구와 그 모든 것들 … 그리고 모든 언덕, 계곡과 모든 강, 아름다

운 땅. 우리는 호렙산의 깊은 숲과 황무지를 축복하기를 원하며 ... 그 광야와 섬들의 기초를 ..., 그것들의 열매, 고원의 숲과 레바논의 백향목, 새 포도주와 기름을 ..."

이 텍스트의 첫 번째 단락에서 특히 중요한 점은, 신비로운 환상과 기적 및 치유의 경험이 긴밀히 연결되어 있다는 사실이다. 이러한 연결은 예수와 환시를 통해 부르심을 받은 사도들에게도 동일하게 적용된다.

다음 단락 역시 환상적 체험의 요소들이 중심을 이룬다.

예수의 세례와 변모에 대하여

최근 새로 공개된 레위에 관한 신비적이고 환상적인 텍스트(4Q 213, 단편 1, 컬럼 2 18~21행)의 잠정적 재구성에 따르면, 다음과 같이 기록되어 있다: "그때 내게 환상이 보였는데, 그 환상 앞에서 하늘이 열리는 것을 보았고, 내 아래에 있는 산은 하늘에 닿을 정도로 높았다. 그리고 나는 그 위에 있었다. 그때 하늘의 문이 열리며 천사가 내게 말했다..."

여기서는 예수의 세례와 변모에서 체험된 바와 유사한 경험들을 다룬다. 왜냐하면 예수는 세례를 받을 때 "하늘이 열리는 것을 보았다"(막 1:10)고 하고, 변모 때에는 높은 산 위에서(막 9:2) 하늘에 가까이 있었다고 하기 때문이다. 쿰란 텍스트에서처럼, 복음서에서도 하늘이 열리는 장면은 계시를 받는 자에게 하늘의 말씀이 임하는 설정으로 나타난다.

또한 새로운 쿰란 텍스트는 누가복음의 예수 세례 이야기를 보다 쉽게 이해할 수 있게 한다. 누가복음 3장 21절에는 "예수께서 세례를 받고 기도하실 때, 하늘이 열리고 ..."라고 기록되어 있는데, 누가복음만이 기도하는 장면을 언급한다. 쿰란 텍스트(4Q 536, 컬럼 1 6행) 역시 "그가 무릎을 꿇고 기도하는 동안 환상이 그(노아)에게 임할 것이다"라고 말한다.

결론적으로, 쿰란 텍스트들은 예수가 하나님의 세계와의 중심적인 만남들을 초기 유대교 신비주의의 틀 안에서 경험했음을 증언한다. 이는 초기 유대교 시대에 우리가 오늘날 가장 강렬하고 독창적이라고 여기는 영역에서 오히려 규범성과 법칙성이 지배하고 있었다는 사실을 다시 한 번 확인시켜 준다.

이 내용은 이어지는 단락에서 다룰 메시아에 대한 기대와도 연결된다.

Ⅶ. 메시아

메시아와 하나님의 아들

쿰란 텍스트들에서 자신의 믿음을 표현하는 일부 사람들은 메시아의 도래를 기대했다. 이런 점에서 그들은 유대교 내에서 혼자가 아니었다. 비록 수는 많지 않지만, 앞으로 올 메시아에 관해 언급하는 매우 흥미로운 텍스트들이 존재한다. 그중 상당수는 최근에야 비로소 접할 수 있게 되었다.

쿰란 텍스트들 중 하나는 유대교 내에서 처음으로 '하나님의 아들'이라 불리는 마지막 때의 통치자에 대해 언급한다. 이 칭호가 메시아적 인물을 의미할 가능성이 있다. 지금까지는 시편 2편 7절("너는 내 아들, 내가 오늘 너를 낳았다…")과 사무엘하 7장 14절("그는 내 아들이 될 것이다…")을 통해 예수에 대한 초기 기독교 진술을 설명해 왔는데, 사실 이 구절들에는 '하나님의 아들'이라는 칭호가 명시적으로 나오지 않는다. 만약 메시아의 이름으로 '하나님의 아들'이라는 칭호가 등장한다면, 그것은 새로운 전거가 될 것이다(천사들이나 야곱의 아들 요셉 등 다른 위대한 인물들도 때때로 이 칭호로 불리긴 했지만).

4Q 246 본문은 최근에서야, 그리고 여전히 전문 연구자 들에게만 제한적으로 공개되어 있으므로, 본고에서는 필자의 직접 번역을 인용한다. 괄호 안은 단편의 보충이다.

1 (1) "그 위에 ... 그는 왕좌 앞에 엎드렸다. (2) (다니엘?이 말했다?:) 왕이시여, 어찌하여 이를 (악물고) 화를 내십니까? (3) ... 당신의 환상과 모든 것, 영원히. (4) ... 강력합니다. 압제가 땅에 있을 것입니다. (5) ... 민족들 사이에서 많은 학살이 일어날 것입니다. (6) ... 아시리아의 왕과 이집트의 왕. (7) ... 그는 지상에서 위대하게 될 것입니다. (8) ... 행하십시오. 그리하면 모든 사람이 (그를) 섬길 것입니다. (9) ... 그는 위인으로 불릴 것입니다. 그는 그의 이름으로 불릴 것입니다.

2 (1) 그는 하나님의 아들이라 불릴 것입니다. 그리고 그들은 그를 지극히 높으신 이의 아들이라 부를 것입니다. 당신이 본 혜성 (2)과 같이, 그들의 왕국도 그렇게 될 것입니다. 그들은 (3) 지상에서 여러 해 동안 통치할 것입니다. 그리고 그들은 모든 사람을 압제할 것입니다. (4) 하나님의 백성이 ... 칼에서 일어날 때까지. (5) 그의 왕국은 영원한 왕국이 될 것이며, 그의 모든 길은 의롭게 될 것입니다. 그(그것)가 의로 (6) 땅을 심판하리니, 모든 사람이 화평을 이룰 것입니다. 칼이 땅에서 (사라질 것입니다). (7) 그리고 모든 민족이 그에게 절할 것입니다. 위대하신 하나님 자신은 권능이시며 (8) 그를 위해 전쟁을 일

으키십시다. 그는 모든 민족을 그의 손에 붙일 것입니다. (9) 그는 그들을 그 앞에 던질 것입니다. 그의 통치는 영원한 통치가 될 것이며, 모든 심연 …"

결정적인 문장은 2장 1절에 나온다. 누가복음 1장 31~32절에서도 매우 유사한 표현이 보인다. "… 그 아기의 이름을 예수라 하라. 그는 위대한 분이 될 것이며 지극히 높으신 분의 아들이라 불릴 것이다." 누가복음의 '위대한 분이 될 것'이라는 표현은 인용된 쿰란 본문 1장 7절에 대응하고, 1장 9절에서는 '이름'에 관한 언급이 나타난다. 1장 7절부터 2장 1절까지 언급된 인물은 메시아일 가능성이 있으며, 2장 5~9절도 이에 해당할 수 있다. 만약 그렇다면, 두 경우 모두 메시아는 그의 백성과 밀접하게 연관될 것이다(2:2와 2:4).

하지만 반드시 그렇다고 단정할 수는 없다. 왜냐하면 이 영광스러운 통치의 성격이 꼭 메시아적인 것은 아니기 때문이다. 그들은 모든 민족을 압제할 것이며, 이는 종말 이전 환난의 시기에 다른 민족들이 서로에게 행한 것과 다르지 않을 것이다(같은 동사를 사용하고 있다). 또한 '하나님의 아들'이라는 칭호가 붙는 경우, 이는 이교도 통치자에 대한 언급일 수도 있다(예 : 알렉산더 대왕). 따라서 남은 본문의 마지막 부분만 이스라엘과 관련되고(2:4부터 평화의 시대에 관해 언급됨), '하나님의 아들'이라는 표현은 더 이상 나타나지 않는다.

결론적으로, 구원과 평화의 시대가 도래하더라도 그 이전에는 환난이 지배하는 시기가 있을 것이라는 묵시문학적 전형을 바탕으로 볼 때, 여기서 '하나님의 아들'로서의 메시아는 잘못된 시대, 즉 부적절한 장소에 등장한다. 따라서 이 쿰란 텍스트에서 언급된 인물은 유대인의 메시아라기보다는 자신의 권리를 주장하는 이교도 통치자(예를 들어 앞서 언급된 아시리아나 이집트의 통치자로서의 알렉산더 대왕)일 가능성이 훨씬 더 크다. 그렇다면 누가복음 1장 32절에서 누가는 잘 알려진 문학적 수사를 사용했을 것이며, 이 구절은 다음과 같이 다시 표현할 수 있다: "위대하고 지극히 높으신 분의 아들이라는 이 잘 알려진 주장(어법)은 이제 예수 안에서 성취되었다. 이는 그 누구에게도 달리 해당되지 않는다."

즉, 이교도 통치자의 권위에 관한 주장이 예수 안에서 완성되는 것이다. 물론 만약 이 구절을 유대적 메시아와 연관지어 해석한다면, 누가는 유대인들의 메시아적 기대에 동의하는 결론에 도달하게 된다.

메시아의 때와 죽은 자의 부활

최근에 공개된 쿰란 텍스트들 가운데 특히 주목을 끄는 구절이 있다. 이 구절에는 메시아 시대의 일련의 사역 속에서 하나님(혹은 어쩌면 메시아)이 죽은 자를 살리실 것이라는 암시가 담겨 있다. 이러한 기대는 신약성서만이 아니라 이미 여기에서도 확인된다.

우리는 다음 사실을 기억할 필요가 있다. 마태복음 11장 2절에는 '그리스도께서 하신 일들'이 언급되며, 마태복음 11장 5절(누가복음 7장 22절과 동일)에서는 그 내용이 다음과 같이 나열된다. "눈먼 사람이 보고, 다리 저는 사람이 걸으며, 나병 환자가 깨끗함을 받으며, 듣지 못하는 사람이 들으며, 죽은 사람이 살아나고, 가난한 사람에게 복음이 전해진다." 이 목록은 두 이사야 본문을 조합한 것이다. 즉, 이사야 35장 5~6절(눈먼 사람, 듣지 못하는 사람, 다리 저는 사람, 말 못하는 사람)과 이사야 61장 1절(가난한 사람, 고통받는 사람, 갇힌 사람)에서 나온 것이다. 그러나 이사야서에는 죽은 자의 부활에 관한 언급은 없다.

4Q 521(단편 1, 컬럼 2)에서는 하나님(혹은 메시아)에 대해 이렇게 말한다: (1행) "하늘과 땅이 그의 메시아에게 복종할 것이다… (8~12행) 그는 갇힌 자를 풀어주고, 보지 못하는 자의 눈을 열어 주며, 짓밟힌 자를 일으켜 세울 것이다. 그는 병든 자를 고쳐주고, 죽은 자를 살리며, 가난한 자에게 복음을 전할 것이다. 그는 성도들을 목자처럼 인도할 것이다."

여기에는 이사야서 본문에는 없지만 마태복음 11장 5절과 누가복음 7장 22절의 목록에는 포함된 '죽은 자의 부활'이 이미 나타난다.

이 사실은, 이사야서에서 비롯된 행위 목록을 최초로 확장한 이들이 기독교 저자들이 아니었음을 시사한다. 오히려 이 목록이 처음 등장한 마태복음과 누가복음의 공통된 자료, 즉 소위 Q 출처에는 예수의 사역 가운데 '죽은 자의 부활'이 포함되지 않았을 가능성이 있다. 중요한 것은 '죽은 자의 부활'이 오랫동안 메시아 시대와 결부되어 전해져 온 기대였다는 점이다. 따라서 쿰란 문서는 마태복음과 누가복음에 나타나는 이사야 해석의 한 전형을 보여준다. 더 나아가 마태복음 11장 2절에서 이 목록을 '그리스도께서 하신 일들'이라 부르는 것은, 4Q 521의 11행에 나오는 '하나님의 일'이라는 표현과 상응할 가능성이 있다.

결론 : 메시아 시대에 죽은 자들이 살아날 것이라는 기대는 마태복음 11장 5절(및 병행 구절)과 쿰란 텍스트의 이사야 해석 모두와 연결되어 있다. 여기에는 아마도 구전으로 전해진 공통 해석 전통이 존재한다. 이 쿰란 텍스트에서는 그것이 '하나님의 일'에 관한 것이지만, 다른 쿰란 텍스트들에서는 메시아가 영으로 부여받은 능력에 대해 말함으로써, 적어도 메시아의 카리스마적 차원이 드러난다.

메시아와 영

예수는 정치적·군사적 메시아가 아니라, 오히려 '카리스마적' 권위에 근거한 예언자였다. 이러한 메시아 이해의 흔적은 쿰란의 일부 텍스트들에서도 발견된다.

4Q 287 3:13에는 "성령이 그의 메시아 위에 내려왔다"라고 기록되어 있다. 새로운 문서인 4Q 521(단편 1, 컬럼 2)에서는 메시아의 때가 곧 성령의 때로도 묘사된다(1행): "하늘과 땅이 나의 메시아에게 복종할 것이다... 그리고 그 안에 있는 모든 것. 그는 성도들의 계명에서 떠나지 아니하고 ... (6행) 그의 영은 아나윔(anawim, 히브리어로 '하나님의 가난한 자'를 뜻함 – 역자 주) 위에 머물 것이며, 믿는 자들은 그의 권능으로 강건해질 것이다..."

이사야 11장 1~2절('이새의 줄기'에서: "주님의 영이 그 위에 머물 것이다")에 대한 암시 때문에, 1QSb 5장이 메시아에 대한 축복을 묘사한다고 보는 것이 충분히 가능하다. 이 구절은 성서의 아람어 번역본인 타르굼에서 메시아와 관련되어 해석된다. 1QSb 5:25에는 다음과 같이 기록되어 있다: "당신은 모략의 영과 영존하는 권능, 지식의 영과 하나님을 경외함으로 경건치 아니한 자를 죽일 것입니다."

쿰란 두루마리 11QMelch는 이사야 52장 7절("기쁜 소식을 전하는 자의 발이 어찌 그리 아름다운고 …")을 인용하는데, 여기서는 이 '기쁜 소식을 전하는 자'를 '영의 기름 부음을 받은 자'로 해석한다.

"그리고 기쁜 소식을 전하는 자는 영의 기름 부음을 받은 자니 … 위로하기 위함이며 … 그가 그들을 가르칠 것이다."

전에 정치적 인물로 이해되었던 멜기세덱에 더하여, 여기서는(만약 단편적인 본문 해석이 옳다면) 예언적으로 지향된 종말론적 권위가 나타난다. 이러한 '영의 메시아'와 '복음의 전파자'라는 의미에서 우리는 예수를 메시아로 이해할 수 있다.

메시아를 카리스마적으로 이해하는 것은, 오래전부터 알려진 일부 쿰란 텍스트와 새로 공개된 텍스트 속에서 예언자들이 '영의 기름 부음을 받은 자'로 묘사된다는 사실에서도 확인된다. 예를 들어, CD 2:12~13에서는 "그는 성령의 기름 부음을 받은 자들과 진리의 선견자들을 통해 그들을 가르쳤다"고 하며, 5:21~6:1에서는 "하나님이 모세와 거룩한 기름 부음을 받은 자들을 통해 주신 계명들"을 언급한다. 또 새로 공개된 4Q 521 단편 4, 9행에서는 "그의 모든 거룩한 그릇 … 그리고 그들의 모든 기름 부음을 받은 자들"이라고 기록한다.

결론 : 구약성서의 진술과 달리, 쿰란 문헌에는 마지막 때에 '그' 메시아, 혹은 여러 메시아적 인물 중 한 명이 자신의 존엄성을 하나님의 성령의 선물로 부여받을 수 있다는 분명한 언급이 존재한다. 이러한 기록들은 예수를 어떻게 '메시아'라 부를 수 있었는지에 대한 질문에 중요한 답을 제공한다. 쿰란 문서들이 증언하듯, 본질적으로 카리스마적 권위를 지닌 인물도 '메시아'라고 불릴 수 있었던 것이다.

서로 다른 기대들

쿰란 텍스트들은 메시아 또는 메시아들에 대해 매우 다양한 기대들이 존재함을 보여준다. 일부 텍스트는 단 한 사람의 메시아를 기대하는 반면, 다른 텍스트들은 마지막 때 하나님의 대표자 두세 명을 기대한다.

예를 들어 생활규칙서(1QS) 9:1은 세 명의 '메시아적' 인물을 기다리는데, 이는 공동체의 질서가 "선지자와 아론과 이스라엘의 기름 부음을 받은 자가 올 때까지" 유지되어야 한다고 보기 때문이다. 여기서는 아론의 후손인 메시아(제사장들을 위한)와 이스라엘 출신 메시아(평신도들을 위한), 그리고 별도의 선지자 한 명이 기대되고 있다.

이러한 현실은 '종파'의 획일적인 교리 틀만으로는 해석이 매우 어렵다. 반면 당시 유대교 내에서는 서로 구별된 과제를 맡은 두세 명의 메시아적 인물을 기대하는 것이 충분히 가능했다.

이러한 텍스트들을 바탕으로, 세례자 요한과 예수의 관계를 이러한 기대에 비추어 새롭게 이해할 수 있는지도 생각해 볼 수 있다. 왜냐하면 예수와 그를 따르는 이들은 세례자 요한과 메시아 또는 인자 사이의 경쟁을 부인하며, 두 인물이 모두 높은 지위에 나란히 존재하는 것을 묵인했다는 점이 주목되기 때문이다.

세례자 요한은 제사장의 아들, 즉 아론의 혈통으로 묘사 되며(사가랴의 아들), 그 모습은 거의 예수와 닮았다. 특히 누가복음은 일관되게 그를 그러한 방식으로 그리고 있다. 따라서 누가복음에 등장하는 세례자 요한의 어린 시절 이야기는 '제사장적' 요한이 예수에 대응하는 인물임을 반복해서 보여준다(예: 놀라운 잉태, 환상과 천사). 그러나 같은 누가복음에서 다윗의 후손으로 단호하게 묘사된 예수의 탁월한 역할에 대해서는 의심의 여지가 없다. 한편, 예수는 훗날 직접 세례자 요한을 "여자가 낳은 자 중에 가장 큰 자"라 칭하기도 한다(눅 7:28). 따라서 누가는 적어도 일관된 병행 묘사를 통해 다윗적 메시아와 제사장적 메시아에 대한 기대를 '포괄'하려 했던 것으로 보인다.

쿰란 텍스트들에 따르면, '별에서 온 야곱'에 관한 구약성서 구절(민수기 24:17)도 서로 다른 두 인물과 연결된다. 야곱의 별은 '율법을 연구하는 자'와 이스라엘에서 일어날 왕홀(王笏), 즉 전체 공동체의 통치자로 해석된다(CD 7:18~21). 여기서 신약성서와의 직접적인 연관성은 확인되지 않는다. 마태복음 2장에 따르면, 동방 박사들이 본 별은 예수가 아니라 예수를 가리키는 상징이다. 한편, 11Q Melch 문서에서도 마지막 때 하나님의 두 대표자가 기대되는데, 멜기세덱은 '복음의 선포자'와 함께 지배적인 권위를 지닌 인물로 나타난다.

결론: 누가복음에 나타난 예수와 세례자 요한의 병치는, 초기 기독교인들과 쿰란 텍스트들의 저자들이 모두 마지막 때의 두 중요한 권능자 – 예를 들어 다윗적 권능자와 제사장적 권능자 – 를 기대했다는 점을 보여준다. 다만 기독교인들의 관점에서는 평가가 쿰란과 다르다. 누가복음에서 다윗적 메시아가 제사장적 메시아보다 우선권을 갖지만, 그럼에도 초기 기독교인들은 쿰란 문서에 나타난 것과 유사한 기대를 상당 부분 유지했다는 점이 명확해진다.

그러나 아론과 이스라엘 출신 메시아에 관한 논의에서는 한 사람과 관련된 유사한 기대가 존재한다.

아론과 이스라엘의 기름 부음을 받은 자

쿰란의 일부 텍스트들은 앞서 언급한 두 인물을 하나로 결합하여 '아론과 이스라엘'의 메시아, 곧 기름 부음을 받은 자로 이해한다. 이에 따라 사람들은 오실 메시아가 (어떤 면에서는) 제사장 출신이기를 기대했다. 이는 쿰란 텍스트들에서 종종 관찰되는 특정한 제사장적 '경향'과도 일치한다. 예를 들어, 일부 텍스트들에서는 식탁을 축복할 때 제사장이 메시아(제사장이 아닌 경우)보다 우선권을 지닌다고 언급한다.

기독교 전승은 예수의 개별적인 제사장적 특성(예컨대 성전에서의 가르침)을 인식하고 있었으나, 그가 아론의 후손이라는 주장은 하지 않았다. 다만 다음의 병행 구절은 주목할 만하다.

히브리서에서는 예수가 일관되게 대제사장으로 묘사되지만, 7장 14절에서는 그가 유다 지파 출신임을 강조한다. 이 경우, 쿰란 용어를 빌리자면 그는 다윗의 후손이자 이스라엘을 위한 메시아임을 뜻한다. 그러나 히브리서에 따르면 예수의 제사장직은 아론의 계통에 의해 정당화되는 것이 아니라, 창세기 14장과 시편 110편에 등장하는 멜기세덱 계통을 따른다 (히 7:11). 이는 쿰란 문서들에서처럼 히브리서 저자가 이스라엘의 메시아 또한 제사장이 되어야 한다고 보았음을 시사한다.

예수가 제사장적 영역에서 구원과 해방을 이루었기 때문이다. 아론의 후손임을 입증하지 못했기에, 초기 기독교의 다른 곳에서 예수의 위임을 표현하는 데 사용되던 시편 119편은 히브리서에서는 멜기세덱 계통의 제사장으로서 예수의 존엄을 드러내는 힌트가 되었다. 결과적으로, 많은 쿰란 텍스트들처럼 히브리서에서도 다윗적 메시아는 동시에 제사장이며, 쿰란과 마찬가지로 결정적인 역할을 수행한다. (다만 예수의 제사장직은 아론적-레위적 제사장직이 아니라 멜기세덱 계통의 것이며, 멜기세덱은 쿰란에서도 낯선 존재가 아니다).

결론 : 초기 기독교 내에서 예수의 메시아성에 대한 통일된 개념은 존재하지 않았다. 특히 히브리서는 제사장적 메시아 기대와 어느 정도 일치하며, 강한 유대 기독교적 성격을 지닌다. 그러나 지금까지 추측된 바와 달리, 히브리서 저자가 특별히 쿰란 공동체 출신이라고 단정할 근거는 없다. 물론 히브리서와 달리 쿰란에서의 제사장직 메시아 기대는 메시아의 죽음과 아무런 관련이 없다. 그러나 십자가형(刑)에 대한 쿰란의 새로운 증언이 있다.

성전 두루마리에 의한 십자가형(刑)

얇은 가죽에 기록된 성전 두루마리는 오랜 모험적인 역사를 거쳐 1977년 이후에야 비로소 접할 수 있게 되었다. 이 두루마리는 또한 '기둥에 매달라'는 구약성서 규정에 관한 중요한 새로운 해석을 담고 있다. 신명기(신 21:22)에는 '죽을 죄를 지은' 자가 '나무에 매달린다'고 명시되어 있다. 성전 두루마리에서는 이 규정을 다음과 같이 구체화한다: "사람이 자기 백성에 관한 소식을 전하며 자기 백성을 이방 민족에게 팔고 자기 백성에게 악을 행하면 너희가 그를 나무에 매달지니 그가 죽으리라. 그는 두 증인과 세 증인으로 말미암아 죽임을 당할 것이요 … 사람이 중죄를 범하여 열방으로 도피하여 자기 백성 이스라엘을 저주하면 너희도 그를 나무에 매달지니 그가 죽으리라…"

여기서 말하는 범죄는 반역과 이방인 중에서 이스라엘을 대적하는 행위를 가리킨다. 예수 당시 중범죄에 대한 관할권은 로마 당국에 있었기에, 유대법은 사실상 무력했다. 그럼에도 불구하고 예수의 십자가형 요구는 성전 두루마리에 기록된 이러한 유대적 전제에서 비롯되었을 가능성이 있다. 예를 들어, 예수가 성전 파괴에 관해 언급한 말씀(막 13:2 및 14:58)은 이스라엘에 대한 예언적 저주로 해석되었을 수 있다. 이는 성전 두루마리의 관점에서 '백성을 저주하는 행위'에 해당하며, 예레미야 26장 20~24절에서 예언자 우리야가 도성과 나라에 재앙이 임할 것이라 예언한 것과 매우 유사하나. 이러한 행동은 결국 로마인들에게 유리하게 작용했을 것이다. 따라서 예수가 십자가형에 처해진 이유는 유대인과 로마인 사이 긴장을 해소

하기 위한 정치적 결정이었다고 볼 수 있다. 이런 점에서 성전 두루마리의 해당 구절은 매우 중요하다.

새롭게 공개된 쿰란 텍스트 한 구절에서는 다윗 가문의 메시아가 누군가를 죽이는지, 아니면 자신이 죽임을 당하는지가 명확하지 않다. 4Q 285 단편 7:4에는 "그리고 그들은 죽일 것이다(또는 그것이 그를 죽일 것이다). 공동체의 지도자를(혹은 지도자가), 다윗의 자손을(혹은 자손이)"이라고 기록되어 있다. 늘 그렇듯, 메시아는 여기서 피비린내 나는 마지막 때의 혼란 속에 연루되어 있다. 어쨌든 쿰란 텍스트들은 이스라엘의 메시아가 항상 다윗의 자손임을 분명히 하고 있다.

다윗의 자손

일부 쿰란 텍스트들에는 신구약 중간기에 다윗적 메시아의 도래에 대한 생생한 기대를 보여주는 중요한 단서들이 담겨 있다. 이러한 기대는 결코 당연한 것이 아니었다. 잘 알려진 것처럼, 메시아가 없는 마지막 때에 대한 기대도 존재했기 때문이다.

앞서 언급한 4Q 285 단편 7에서는 먼저 이사야 11장 2절의 "주님의 영이 그에게 내려오신다…"는 구절이 인용되고, 이어서 다윗의 자손인 메시아에게 적용된다. 그 후에는 심판에 관한 내용이 이어진다.

또한 4Q 252에서는 '다윗의 자손인 의로운 메시아가 나타나며, 이스라엘이 율법을 준수했기에 언약과 왕국이 이스라엘에게 주어졌다'고 기록되어 있다.

이처럼 메시아에 대한 특별한 기대와는 별도로, 새로 공개된 쿰란 텍스트들은 복음서에 나타난 예수의 이미지가 본질적으로 '의인'의 이미지에서 비롯되었다는 오래된 가정을 뒷받침할 수 있는 증거를 제공한다.

요한적 그리스도에 대한 새로운 암시

4Q 416 1:4~5에는 의인에 관한 언급이 있는데, 요한복음에 의하면 이것은 예수에게 적용된다 : "그래서 그(즉, 하나님)는 당신이 그를 위해 자신을 거룩하게 하셨을 때, 그가 당신을 가장 신성한 분으로 만드셨을 때, 그것을 영화롭게 하셨습니다… 그는 당신의 운명을 결정하셨고 당신의 영광을 크게 증가시켰으며, 당신을 그 아래에 있는 맏아들로 만드셨습니다…"

이전 구절에서는 이미 다음과 같이 표현되었다 : "그는 당신을 모든 육체적 영과 구별하시고," "당신을 사람과 구별하여," "당신에게 권세를 주셨습니다." - 특히 요한복음 17장과 관련이 있다: 아버지는 "아들을 영화롭게 하시고(1절), 그에게 권세를 주셨으며(2절), 아들은 아버지 앞에서 자신을 거룩하게 한다(19절). 예수는 맏아들이라 불리고(요 1:18), 성전의 속성을 자신에게 적용한다(요 7:37).

결론 : 지금까지 매우 불가사의하게 여겨졌던 요한복음의 여러 요소들이, 이 쿰란 텍스트에서 특별히 선택된 의인에 대한 진술로 이해될 수 있다면, 그 의미를 훨씬 더 명확히 파악할 수 있을 것이다.

한편, 바울에 따르면 그리스도는 아담과 대적하는 의로운 분이며, 죄가 세상에 들어온 것은 아담을 통해서다.

아담과 그리스도

바울은 예수의 보편적 중요성을 강조할 때, 특히 로마서 5장과 고린도전서 15장에서 아담과 예수 그리스도를 대조한다. 이 두 인물은 다음과 같이 대응된다. 예수는 아담이 저지른 죄를 바로잡고, 긍정적으로 아담을 능가하며, 실제로 예수는 완전한 아담이자 본래 있어야 할 최초의 인간으로 여겨진다.

비록 쿰란 텍스트들이 아담과 메시아 사이의 유형학적 비교에 대해서는 알지 못하지만, 바울의 이러한 비교를 위한 매우 중요한 지적 토대를 제공한다. 왜냐하면 쿰란 문헌들은 하나님이 마침내 성령으로 구속과 정결함을 입은 자들에게 '아담의 모든 영광'을 주시거나, 사람의 죄를 제거하고 '아담의 모든 영광'을 상속받게 하신다는 점을 반복해서 언급하기 때문이다 (1QS 4:20-23; 1QH 17:15; CD 3:24).

사실 쿰란 텍스트들에 따르면, '두 번째 아담'이라는 단일 인물은 존재하지 않는다. 대신 '아담의 영광'은 구속받은 모든 이에게 공동으로 주어지는 선물이다. 바울 또한 이 새로운 '둘째 아담'과 관련하여 영광과 영화에 대해 말할 수 있었다 (고전 15:43 : "... 영광스러운 것으로 다시 살아납니다").

결론 : 시작과 끝은 서로 맞닿아 있다. 결국 모든 것은 다시 아담에 관한 이야기다. 그러므로 모든 사람은 첫 번째 아담에게서 부족하거나 잃어버린 것을 회복하게 될 것이다. 쿰란의 일부 텍스트들이 보여주듯, 이 집단적 선물은 궁극적으로 바울도 집단적으로 이해하듯이, 한 중보자, 즉 '두 번째 아담'인 예수 그리스도를 통해 이루어지는 필수적인 중개와 연결되어 있다.

VIII. 어둠의 아들들과 빛의 자녀들
– 쿰란 텍스트들에 의한 '하나님 앞에서의 인간'

성탄 이야기 속 한 장면

누가복음 2장 14절에 나오는 천사들의 "지극히 높은 곳에서는 하나님께 영광…"이라는 말씀은 오랜 세월 동안 여러 교파가 서로 다투며 해석해 온 신비로운 구절이다. 천사들은 '지극히 높은 곳에서는 하나님께 영광'에 이어 아마 이렇게 말하고 싶었을 것이다.

"그리고 땅에서는 선의의 사람들에게 평화"(불가타 라틴어 역본에 따른 해석) 혹은 "땅에서는 평화가, 사람들에게는 선의"(마르틴 루터의 해석 : 그리스도를 향한 신성한 선의 또는 뜻이며, 동시에 모든 것을 참는 평화로운 마음) 또는 "그리고 땅에서는 하나님이 기뻐하시는 사람들에게 평화"(하나님이 그들을 '원하시고' 선택하셨기에 기뻐하시는 사람들)?

이 구절은 종파적으로 이론이 분분했는데, 그 이유는 일부(가톨릭)는 사람들의 선의가 보상받는 것으로 보았고, 다른 일부(종교개혁)는 사람들의 공로와 무관하게 하나님의 주권적 선택권이 확인된 것으로 보았기 때문이다. 그러므로 근본적인 질문은, 이것이 인간에 대한 하나님의 뜻에 관한 것인지 아니면 인간의 선하고 감사하는 의지에 관한 것인지 여부였다. 종파들이 이러한 문제에 대해 더 이상 논쟁할 필요가 없다는 사실을 제외하고, 쿰란 텍스트들은 처음으로 이 문제를 하나님의 '선택하시는 뜻'의 관점에서 결정할 기회를 제공해주었다.

왜냐하면 쿰란의 텍스트들에는 다음과 같은 찬송가 구절이 나오는데, 여기에 '그가 좋아하는(좋게 생각하는) 아들들'이라는 표현이 들어 있기 때문이다: "... 그가 좋아하는 모든 아들들에 대한 그의 자비의 충만함."(1QH 4:32~33; 11:9에서도 매우 유사한 표현이 있다)

또한 1QS 8:6에서는 '선의로 택함을 받은 자들'이 언급된다. 이는 하나님이 자신의 자유로운 결정에 따라 사람들을 선택하셨다는 뜻이다. 물론 이제 우리는 하나님의 판단이나 하나님의 선의에 따라 행동할 수 있다. 그러나 어떤 경우에도 하나님의 뜻이 척도가 된다.

결론적으로, 누가복음 2장 14절에 나오는 천사들의 노래는 이렇게 울려 퍼진다.

"지극히 높은 곳에서는 하나님께 영광이요, 땅에서는 하나님의 기쁘신 뜻대로 택하신 사람들에게 평화로다."

이들은 하나님께서 구원을 베풀길 원하시는 사람들이며, 확실히 복음이 미치는 모든 사람을 의미한다. 마찬가지로 쿰란의 텍스트들에 따르면 하나님은 모든 사람에게 자비를 베푸신다.

하지만 선택이 있으면 선택받지 못한 자도 있음을 전제한다. 그래서 많은 쿰란 텍스트들은 '이원론'으로 특징지어지며, 사람들을 하나님께 속한 자들과 그 반대편에 속한 자들로 구분한다.

빛의 자녀들

쿰란 문헌 중 극히 일부만이 현실을 근본적으로 둘로 나누는 관점, 즉 명확한 이원론을 제시한다. 대표적인 텍스트로는 1QS와 1QM, 4Q 암람의 유언, 그리고 4Q 462가 있다. 이원론적 접근이 극소수의 텍스트에 국한된다는 사실은 쿰란 주민들의 문헌들이 신학적으로 통일되어 있지 않다는 점을 다시 한 번 보여준다.

1QS와 1QM에 따르면, 빛의 자녀들과 어둠의 자녀들이 있으며, 이에 상응하여 빛의 영과 어둠의 영, 진리의 영과 악의 영

이 존재한다. 각각의 우두머리로는 빛의 군주와 어둠의 천사가 있다. 사람들은 빛의 길이나 어둠의 길을 선택하여 걷고, 이에 걸맞은 행동을 한다. 우리는 이러한 행동들을 대조적으로 나열한 소위 미덕과 악덕의 목록(예를 들어 겸손, 탐욕에 반하는 오래 참음, 나태)을 발견할 수 있다. 빛의 자녀들은 어둠의 자녀들을 '미워'해야 한다. 즉, 자신을 어둠의 자녀들과 분리하여 멀리해야 한다. 어둠의 자녀들과의 최후의 결전이 마지막 때에 벌어질 것이다. "그때까지 사람들의 마음속에서는 진리의 영과 악의 영이 싸운다."(1QS 4:23)

따라서 이 텍스트들에서는 영적 세계와 관련된 우주론적 이원론과 인간 행위와 관련된 윤리적 이원론을 확인할 수 있다. 과거에는 '결단의 이원론'이라는 용어가 사용되었으나, 텍스트들이 이미 결단한 사람들을 대상으로 하기 때문에 적절하지 않다. 또한 이 이원론은 고정된 것이 아니다. 오히려 이러한 이원론적 진술은 '선택된' 소수 엘리트를 각성시켜 자신이 처한 위기를 인식하게 하고 저항 의지를 고취하며, 자신에게 합당한 행동을 하도록 권고한다. 왜냐하면 싸움과 분리하려는 유혹은 끝나지 않고 여전히 존재하기 때문이다. 이러한 맥락에서, 어둠의 자녀들의 '전향'에 관한 이야기가 없는 것도 이해할 만하다. 설령 전향 가능성을 완전히 배제 하지 않는다 하더라노, 그것은 텍스트의 주된 의도를 벗어난 문제다.

결론적으로, 쿰란 텍스트들에 나타나는 이원론, 즉 어둠의 아들들과 빛의 자녀들로의 이분법은 빛의 자녀들이 소수이며, 외부와 내부로부터 (마음속 투쟁을 통해) 위협받고, 완전한 승리를 거두지 못하는 상황에서 발생한다. 이들은 실제로 다른 이들과 분리될 필요가 있으므로, 그들을 '미워할 것'을 권고받는다.

여기에는 많은 초기 기독교 진술들과 가장 가까운 유비들이 있다. 특히 바울과 요한복음에서 두드러지는데, 바울은 교회 공동체에 그들이 빛의 자녀이며 어둠에 속하지 않았음을 지적한다(살전 5:4~5). 또한 로마 교회인들에게는 어둠의 행실을 벗고 빛의 무기를 갖추라고 권고하며(롬 13:12), 고린도에 있는 경쟁자들을 향해서는 사탄이 그들 가운데서 자신을 '빛의 천사'로 가장한다고 비난한다(고후 11:14). 고린도후서 6장 14~15절에서는 의와 불법, 빛과 어둠, 그리스도와 벨리알이 어떻게 함께할 수 없는지를 묻는데, 여기서 적대적인 영적 세력에 대해 '벨리알'이라는 이름을 사용한다는 점에서 **쿰란 텍스트들과도 일치한다.**

이러한 맥락에서 바울은 적대자들과의 논쟁뿐 아니라 기본적인 권고를 전한다. 예를 들어 에베소서 5장 8절("여러분이 전에는 어둠이었으나 지금은 주님 안에서 빛입니다. 빛의 자녀답게 사십시오.")도 비슷한 방식으로 이해할 수 있으며, 이어서 빛의 열매들이 다시 나열된다.

요한복음에서는 쿰란 텍스트들처럼 사람들이 자신의 행실을 통해 어둠과 빛 사이의 극적인 투쟁에 참여한다는 점이 반복적으로 강조된다. 어둠은 빛을 '이기지' 못했고(요 1:5), 사람들은 행실로 빛보다 어둠을 더 사랑하며(요 3:19~21), 예수는 함께하는 이들에게 '빛의 자녀가 되기 위해' 빛 가운데 다니라고 권면한다(요 12:35~36).

누가복음(16:8)에서는 예수가 '빛의 자녀들'과 '이 세상의 자녀들'을 대조하는데, 문맥상 예수는 이원론적으로 맘몬 숭배를 하나님 숭배에 반대되는 것으로 설정한다.

결론적으로, 빛과 어둠에 관한 논의는 언제나 외부와 내부로부터 위험에 처한 소수 집단의 자기 평가와 깊은 관련이 있다. 이 점에서 특히 바울과 요한의 진술은 일부 쿰란 텍스트들과 매우 가깝다. 확실한 단서는 언제나 '빛의 자녀들'이라는 자칭의 등장이다.

이 중요한 유사점을 어떻게 설명해야 할까? 이전에는 이 시점에서 쿰란의 '공동체'와 요한 및 바울의 공동체들 간의 관계에 대해 대담하고도 증명할 수 없는 추측이 자주 이루어졌다. 그러나 우리의 고찰을 바탕으로 볼 때, 이러한 저작물이나 그 안에서 사용된 사상 체계를 특정 지리적 영역에 한정하려는 집착은 사라진다.

더 단순한 설명은 다음과 같다. '빛'은 획득된 인식과 결부된 '계몽'의 개념이다. 따라서 참된 하나님께로의 개종은 언제나 어둠에서 빛으로의 전환으로 이해된다. 앞서 언급한 텍스트들에서 분명한 점은, 이 빛이란 얼마 전 종교적 신분을 바꿔 어둠에서 빛으로 옮겨진 사람들에 관한 것이며(요 12:35~36에서도 그러한 전환이 요청된다), 바울 또한 '우리가 처음 믿게 된' 그 순간을 기억하라고 권고한다(롬 13:11). 이런 사람들은 새로 획득한 신분에도 여전히 위험에 처해 있으므로, 자신이 처한 위치를 상기할 필요가 있다. 당시 유대교 내 개종에 대한 언급이 있을 때(개종자 혹은 내가 1QS와 1QM을 포함하는 유대교 내부 개혁 운동과 관련 지을 때), 빛과 어둠, 빛의 자녀들에 관한 표현은 일종의 주제 관련 전문 용어로 기능한다. 이는 아브라함이나 욥이 이스라엘의 하나님과 유대교로 '개종자'가 되었음을 말할 때 사용하는 방식과도 같다. 그들은 깊은 어둠을 지나 이제 빛을 보게 되었다고 한다. 따라서 바울 역시 개종할 때 예수를 '빛'으로 본다.

바울과 요한 같은 초기 기독교인들이 이 이원론적 언어를 사용한 것은, 기독교를 유대교 내에서의 전향 운동으로(요한복음에서) 혹은 유대교 개종주의로서(바울의 경우) 이해했음을 보여 준다.

따라서 '빛의 자녀들'에 대해 말하기 위해 반드시 가상의 쿰란 수도원 공동체 일원이었을 필요는 전혀 없다. 기독교에서는 '개종'이 중요했으며, 이를 표현하기 위해 구약성서에 없던 새로운 은유적-비유적 언어가 필요했다. 이 언어는 당시 유대교 내 특정 영역에서 개발되었고, 초기 기독교가 급진적 개종 종교였기에 이를 채택하였다.

마지막으로, 새 언약 개념에 대한 합의 역시 매우 유사한 방향을 가리킨다.

새 언약

다마스쿠스문서에서 의견을 제시하는 그룹은 스스로를 '새 언약'이라고 부른다. 이것은 이 표현이 나타나는 쿰란 텍스트 중에서, 보다 정확히 말하면 "다마스쿠스 땅에서 새 언약을 맺으라"는 형식 속에서 규칙적으로 등장하는 유일한 문서다. 1QS에서도 언약에 관한 문제가 제기되지만, 거기에는 '새 언약'이나 다마스쿠스에 관한 언급은 없다.

그러나 다마스쿠스문서에서의 '새 언약'이라는 표현이 반드시 예레미야 31장 31~34절의 새 언약 약속으로 거슬러 올라가야 하는 것은 아니다. 실제로 이 구절 자체가 인용되는 경우는 없다. 다만 예레미야 31장 33~34절에 따르면, 이 언약은 하나님의 계명을 따르고 지키는 데서 두드러진다. 다마스쿠스문서에서도 중요한 점은 "언약의 모든 지시를 따라 거룩하고 완전하게 행하라"는 명령이다.

초기 기독교 공동체 또한 스스로 새 언약의 언어를 사용했다(바울, 누가, 히브리서). 예수의 죽음은 어디에서나 이와 관련되어 있다. 그러나 바울은 고린도후서 3장에서 영의 새 언약에 대해서도 언급한다. 마가와 마태가 전하는 '주의 만찬' 말씀에서는 오직 예수의 언약('내 언약')만을 다룬다. 히브리서에서는 예레미야 31장 34절에 따른 죄 사함과의 관련성이 매우 분명하다.

어쨌든 새 언약은 마지막 때의 결정적인 전환점이자 하나님과의 관계의 근본적인 갱신을 의미한다. 신약성서에서 바울의 경우, 이것은 하나님의 계명을 지키는 것과 최소한 암묵적으로 연관된다. 이는 고린도후서 3장에 나오는 '영의 언약'이 '문자가 아니라 영'이라는 정형어구에서 나타나듯, 하나님의 계명을 지키는 새로운 방식의 관계를 포함하기 때문이다. 복음서의 경우에는, 시내산 사건을 모델로 한 예수의 변모 장면(산, 구름, 모세의 출현)이 "너희는 그의 말을 들으라"는 하나님의 명령과 함께, 일종의 언약 관계의 새로운 정식화로 이해될 가능성이 있다. 이것은 곧 이제 하나님의 뜻이 예수의 말씀 안에서 발견된다는 점을 가리키는 것이다. 이 장면에 비추어 보면, 예수의 폭력적인 죽음은(오직) 언약의 징표가 될 수 있다(출애굽기 24장 8절의 옛 언약 장면과 유사하다). 신약성서는 어떤 경우에도 언약 체결을 위한 피의 행위를 매우 강조한다. 이것이 예수의 죽음으로 새롭게 인봉되었다. 그리고 (언약의) 법이 폐지되지 않더라도, 그 이행 방식은 본질적으로 다마스쿠스문서보다 신약성서에서 훨씬 더 새롭고 강하게 특징지어진다.

결론적으로, 초기 기독교 텍스트들이 다마스쿠스 문서와 공유하는 공통점은 두 집단 모두 새 언약의 중요성을 강조한다는 점이다. 따라서 두 집단은 자신들을 마지막 때의 갱신의 주체로 이해하며, 여기에는 하나님의 뜻을 온전히 지키는 것이 포함된다. 그러나 초기 기독교는 예수의 말씀(하나님의 뜻과 관련), 예수의 죽음(언약의 공식적 체결과 죄 사함과 관련), 그리고 예수 부활의 영(토라 성취를 위한 능력으로서)과의 연관성을 특히 강하게 강조한다. 이런 의미에서, 이 대목에서 드러나는 '공통된 유산'에 대한 기독교 적 재해석은 매우 두드러진다.

성령

하나님의 영은 구약성서보다 신약성서에서 훨씬 더 중요한 역할을 한다. 이러한 중요한 변화의 경향은 유대교, 특히 쿰란 텍스트들에서도 확인할 수 있다. 쿰란 텍스트들은 마지막 때에 성령이 부어질 것을 기대하는 유대교 내 극소수의 증거에 속한다(1QS 4:21). 4Q 521(단편 1, 컬럼 2 6행)에도 이에 관한 한 예가 있다. 메시아가 언급된 후에 이렇게 기록되어 있다: "그리고 가난한(겸손한) 자들 위에 그의 영이 떠돌고, 그는 믿는 자들을 그의 능력으로 회복시킬 것이다."

이 구절은 매우 흥미롭다. 겸손한 자들 '위에 영이 떠돈다'는 표현은 창세기 1장 2절의 "하나님의 영이 물 위에 움직이고 계셨다"는 말씀과 상응하기 때문이다. 따라서 이는 바울이 말하는 것처럼 하나님의 영이 일으키는 '새 창조'에 관한 것이며, 또한 바울이 말한 것처럼 영이 능력을 제공함을 의미한다.

하나님의 성령은 사람에게 기쁨을 준다(1QH 9:32). 바울의 경우 기쁨은 영의 중심 은사 중 하나다. 또한 사람을 거듭 깨끗하게 하는 것도 성령이다(1QH 16:12, 여기서는 '은혜'와 함께 언급된다). 특히 궁극적인 정결로서, 성령은 하나님의 종들에게 '뿌려지는'(액체와 같은) 것으로 표현된다(1QH 17:26; 1QS 4:21). 초기 기독교에서는 하나님의 영이 세례를 받을 때마다 사람을 깨끗하게 한다고 보았다. 이는 특히 세례자 요한의 말에서 인상적으로 나타나는데, 그는 뒤이어 성령으로 세례를 주는 이가 올 것이라고 예고한다(막 1:8 병행).

'영의 기름 부음을 받은 자들', 아마도 예언자들과 '영의 기름 부음을 받은 자', 즉 마지막 때의 예언자적·메시아적 인물은 이미 쿰란 텍스트들에 나타난다. 새롭게 드러난 점은 하나님의 성령이 메시아 위에 머문다는 사실이다(4Q 287).

에베소서 4장 30절의 "성령을 슬프게 하지 마십시오"라는 권고는 쿰란의 다음 권고와 일치한다: "당신의 일에서 당신의 성령을 감소시키지 마십시오. (그리고) 당신의 성령을 어떤 부와도 바꾸지 마십시오. 왜냐하면 당신의 생명(당신의 영혼)에는 값이 없기 때문입니다."(4Q 416 9:21/10:1, 6)

이 구절은 동시에, 사람이 자신의 영혼(목숨)을 무엇과도 바꿀 수 없다는 마가복음 8장 37절과 유사하다. 자신의 성령을 더럽히지 말아야 한다는 내용은 CD 7:3~4에도 나타난다. 약 120년경 로마에서 쓰인 문서인 '헤르마스의 목자'는 자신 안에 있는 성령을 거스르지 말라고 거듭 경고한다.

결론적으로 쿰란 텍스트들에서 성령은 큰 역할을 담당한다. 신약성서와의 이러한 유사점은 하나님의 영이 특히 개종할 때

부여된다는 믿음에 기반한다. 이는 신적 영에 의한 생명의 갱신이기 때문이다.

초기 기독교는 쿰란의 여러 증거들처럼 개종을 강조했기에, 성령이 비교적 큰 역할을 했을 뿐만 아니라 죄인과 의에 관한 언급도 함께 이루어졌다.

죄와 칭의

쿰란의 비교적 많은 텍스트들은 하나님 앞에서 인간의 상황에 대해 중요한 통찰을 제공하는데, 이는 (넓게 이해된) 바울의 칭의론의 기초라고 할 수 있다. 그러나 쿰란 텍스트들이 필연적으로 '율법적'이고 바울이 필연적으로 '반율법적'이라는 기본 가정에 의해, 이러한 유사점뿐 아니라 바울의 새로운 기독교적 특수성이 희석되어서는 안 된다. 오히려 율법에 대한 바울의 입장은 그렇게 단순하게 규정할 수 없으며, 전체적으로 볼 때 이 문제는 여기서 논의할 주제의 주변부에 속한다. 이는 바울 해석을 위해서도 중요한 점이다.

근본적으로 하나님과 인간의 차이는 다음과 같이 결정된다: "지식의 하나님이여, 모든 의의 행위와 진리의 조언이 주님께 있습니다. 그러나 사람의 아들들 중에는 죄를 섬기며 거짓을

행하는 자들이 있습니다."(1QH 1:26~27)

인간이 죄인이고 하나님이 의로우시다는 사실은 바울의 출발점이기도 하다(예를 들어 롬 3:4 참조). "하지만 인간이란 무엇인가 – 무(無)와 호흡의 지배자 …?"(1QH 7:32)

따라서 여기서든 저기서든 하나님의 자비에 대한 희망만이 남는다: "그러므로 저는 주님의 자비를 통해 희망이 있고, 주님의 풍부한 능력을 통해 기대가 있음을 깨달았습니다. 왜냐하면 주님의 재판에는 의인이 없고, 주님의 재판을 받을 때 무죄한 죄도 없기 때문입니다…"(1QH 9:14~15)

이와 함께 우리는 로마서 3장 20~24절을 읽을 수 있는데, 그 중심 진술은 어떤 육체도 하나님 앞에서 의롭지 못하며 칭의는 오직 하나님의 은혜를 통해서만 기대할 수 있다는 점이다.

"그리고 저는 주님께 의가 있고 주님의 은혜로 … 그리고 주님의 자비가 없으면 멸망만이 있을 뿐이라는 것을 깨달았습니다."(1QH 11:17~18, 비교 7:16~18)

바울의 경우처럼 하나님과 거리가 먼 사람은 가장 현실적으로 '육'으로 평가되며, 이는 죄와 사망과 직접 관련되어 있다 : "주님의 놀라운 비밀 … 그것에 비하면 육은 무엇입니까? … 그것은 모태부터 죄 가운데 있었습니다... 저는 저의 죄 가운데서 주님의 언약을 위해 도움이 되지 못했습니다."(1QH 4:27~30, 35)

바울은 육과 죄의 관계를 로마서 7장 14절에서 가장 분명하게 언급한다: "그러나 나는 육정에 매인 존재로서, 죄 아래 팔린 몸입니다."

4Q 416 3:7에는 '육체의 충동'이라는 표현이 나오는데, 이는 랍비들이 말하는 '악한 충동'에 대한 전 단계를 의미한다.

따라서 성령을 대적하는(1QH 17:26) '육신의 영'도 존재한다(1QH 13:13; 17:25, 그리고 4Q 416 1:1에도 나타남). 바울 신학에서는 성령과 육이 정반대 개념이다.

결론적으로 하나님 앞에서 인간의 상태는 육, 죄, 의의 부재, 먼지 같은 존재로 규정된다. 반면 하나님은 인간에게 은혜와 자비와 영광을 베푸시며, 그의 성령을 주신다. 하나님은 의로우신 분으로서 인간과는 대조된다. 이 둘 사이를 중재하는 것은 인간의 희망이며, 이는 기도를 통해 표현된다.

이 기본 정서 속에서 바울은 자신의 신학을 세웠다. 바울의 가장 중요한 업적은 하나님의 은혜와 자비를 예수 그리스도의

인격, 곧 우리를 위한 그의 죽음 안에서 찾았다는 점이다.

새로 공개된 쿰란 텍스트들은 증거와 전거 없이 바울이 나온 유대교에 대해서 지금까지 단순히 추측할 수 있었던 매우 중요한 사상 체계를 제시한다.

따라서 이제 기독교 이전의 유대 자료에서 처음으로 '율법의 행위'라는 표현을 볼 수 있다. 바울은 예를 들어 로마서 3장 28절에서 이 표현을 사용했는데, 여기서 그는 "사람이 율법의 행위 없이 의롭다 하심을 얻는다"고 말한다(3:20에서도 유사함). 쿰란에서는 다음과 같이 말한다: "그리고 마지막으로 우리는 율법의 개별 행위에 대해 이전에 이미 썼습니다. 우리는 그것을 여러분 자신의 것과 여러분 백성의 유익으로 여겼습니다. 왜냐하면 우리는 여러분이 토라에 대한 분별력과 지식을 지니고 있음을 보았기 때문입니다."(4Q 397, 29~31행) 이 텍스트에 의하면 '율법의 행위'는 토라에서 추론된 토라를 성취하는, 일반적으로 알려지지 않은 특별한 방도다. 예를 들어 신약성서적으로 볼 때, 마가복음 10장 1~12절에 있는 이혼 금지가 이에 속할 수 있다. 우리가 보았듯이, 이것은 토라(즉, 창조 이야기로부터)에서 파생된 것이다. 산상설교의 일부 안티테제도 이러한 의미에서 '율법의 행위'가 될 것이다.

지금까지 바울과 비교적 가까운 시기 중에 '율법의 행위'에 대한 바울의 언급과 실질적으로 가장 유사한 것으로 알려진 유비는 시리아어 바룩 묵시록 57장 2절(1세기 말경)에 있는 '계명의 행위'였다. - 쿰란의 발굴물은 바울이 여기서 당시 통용되던 유대적 어법을 사용했다는 것을 확인시켜준다. 그러므로 여기서 사용된 '율법의 행위'는 토라를 성취하는 구체적인 행위요, 토라를 지키는 구체적인 방법이다.

같은 서신에서 저자는 행함이 의로 여겨진다고 말한다(33~34행): "그러면 마지막 때에 우리의 말 중 일부가 참됨을 알게 될 때 기뻐하게 될 것입니다. 그러므로 당신이 그 앞에서 의롭고 선한 것을 행한 것이 당신과 이스라엘의 유익을 위해 의로 여겨질 것입니다." 이 텍스트도 중요하다. 왜냐하면 여기서 행함은 '의로 여겨지기' 때문이다. 반면에 창세기 15장 6절에서는 아브라함에 대해 그의 믿음이 그에게 의로 여겨졌다고 말한다.

그렇지만 쿰란 텍스트의 이 구절은 창세기 15장 6절에 대한 '부인'이 아니라 단지 동시대적 해석일 뿐이다. 왜냐하면 믿음과 행함 사이에는 차이가 없었기 때문이다; 둘은 유기적인 단일체였다. 바로 야고보서가 창세기 15장 6절에 대한 같은 해석을 직접 증명해준다: 야고보서 2장 21절에 의하면 아브라함이 행함으로 의롭게 된 것이 사실이다. 왜냐하면 믿음이 먼저 행위로 형체가 되었기 때문이다. 동시대 유대교에서는 여기에 모순이 없었다.

우리는 바울이 여기에 대조를 도입했는지 여부를 항상 질문할 수 있다. 그러나 먼저 말해야 하는 것은, 바울에 의해서도 기독교인에게는 믿음과 행함이 분명히 함께 속한다는 점이다: 믿음은 사랑을 통해 일한다(갈 5:6). 바울에 의하면 행함이 없는 믿음은 난센스일 것이다.

우리가 아직 그리스도인이 아닌 경우에만 바울은 이렇게 말한다: 사람은 그리스도 없이, 그리스도 앞에서, 그리스도와 함께 율법 아래에 있는 행위를 통해서가 아니라, 오직 그리스도를 믿음으로 말미암아 의인의 신분, 하나님에 의해 완전히 받아들여지는 신분을 얻게 된다. 이런 점에서 오직 믿음만이 하나님께 가까이 가는 근본적인 문제를 위해 '참작'된다.

새로 공개된 텍스트 4Q 458은 마지막 때의 한 무리 사람들에 대해 "그들이 의롭다 함을 받고 율법을 따라 행하였다"고 말한다(단편 2, 컬럼 2,4). 이 의가 어떻게 주어졌는지는 분명하지 않다. 다만 율법에 따라 사는 것은 아마도 의롭게 된 결과로 이해할 수 있다. 이는 의롭다 하심을 받은 그리스도인들의 경우와 마찬가지다. 두 경우 모두 서로 나란히 놓일 수 있으며, 동시에 사실일 것이다.

VIII. 어둠의 아들들과 빛의 자녀들

결론 : 바울의 칭의론과 관련된 모든 문제와 어휘는 당시 유대교 전반에 널리 퍼져 있었다. 바울에게서 새로운 점은, 기대하던 은혜가 이미 그리스도 사건 안에서 확증되었다는 것이다. 바울은 믿음의 길과 엄밀히 대비되는 기본적 접근 방식을 명확히 보았다. 이런 점에서만 믿음과 행위, 그리고 '율법의 행위' 사이에 대조가 가능하다. 즉, 누군가가 행위나 '율법의 행위'를 믿음과, 더 나아가 믿음의 절대적이고 필수적인 우선순위에 대립시키거나 믿음에 맞서는 방식으로 주장하려 할 때만 그러하다. 그러나 다른 측면에서 믿음은 행위로 드러나며, 그 행위 안에는 – 하나님의 영의 능력으로 – 율법의 성취가 담겨 있다. 그러므로 쿰란과 대조되는 점은 바울이 믿음의 우선순위를 강조한 것인데, 이것은 물론 죽은 자를 일으키시는 하나님에 대한 믿음일 수밖에 없다. 바울이 이 길을 선택한 사실은, 이방인 민족에 대한 그의 사명보다 모든 사람을 하나님의 자녀로 삼기 위한 예수 그리스도(하나님의 아들로서)의 중요성과 관련이 있다. 이 친자 관계로 들어가는 것은 믿음을 통해 발생한다.

바울과 가까운 인물이 기록한 에베소서 2장 10절은 이를 다음과 같이 표현한다: "... 선한 일을 하게 하시려고, 하나님께서 그리스도 예수 안에서 우리를 만드셨습니다. 하나님께서 이렇게 미리 준비하신 것은, 우리가 선한 일을 하며 살아가게 하시려는 것입니다."

그리스도인들이 해야 할 일은 이미 하나님이 마련해 주신 옷과 같아서, 단지 입기만 하면 된다. 쿰란의 찬송가에서도 '모든 의의 행위가 하나님과 함께 있다'고 말하지만, 이는 단순히 하나님이 의로운 일만 하신다는 뜻이었다. 그러나 에베소서의 진술은 새로운 텍스트 중 하나인 4Q 215:7~8로 더 잘 이해된다. 거기에는 이렇게 기록되어 있다: "그는 그들이(즉, 행위자들) 창조되기 전에 그들의 행위를 예비하시고, 의의 섬김을 그들의 몫으로 정하셨기 때문입니다."

여기서 의인들의 행위는 실제로 창조 이전에 준비된 것으로 묘사된다('측정'과 관련해서는 '정해진 척도'라는 표현과 함께 고후 10:12 이하를 참조).

결론 : 하나님의 자비에 대한 희망과 의의 문제는 당시 유대교에서 핵심 주제였다. 쿰란 문서들 역시 이를 반영한다. 그러나 바울은 이 모든 모티브와 사상을 예수 그리스도와 철저히 연결함으로써, 역사를 메시아 이전의 불행한 시대와 메시아 이후의 잠정적 축복의 시대로 뚜렷이 구분했다. 이러한 관점은 쿰란에서는 찾아볼 수 없다. 메시아나 메시아들에 관한 쿰란 텍스트들의 언급은 이런 기대와는 무관하다.

믿음

신구약 중간기의 유대교에서 '믿는다'는 개념은 이미 이스라엘의 하나님께 적극적으로 속하는 총괄적 의미를 지니고 있었다. 이는 기본적으로 바울의 경우도 마찬가지다.

바울은 자신의 가르침을 성서로 뒷받침하기 위해 하박국 2장 4절을 반복해서 인용한다: "의인은 믿음으로 살 것이다." 여기서 '믿음'은 히브리어든 그리스어든 '신실함'으로도 해석될 수 있다.

쿰란의 하박국 주석에서도 동일한 구절이 인용된다: "의인은 그의 믿음, 즉 그의 신실함으로 살 것이다. 이 해석은 유다의 집에서 율법을 행하는 모든 사람을 향하는데, 하나님은 그들의 수고와 의의 교사에 대한 충성심으로 인해 심판의 집에서 그들을 구원하실 것이다." 여기서 '신실함'('믿음')은 단순한 의의 교사에 대한 개인적 충성심뿐 아니라 율법의 행위로도 표현된다. 앞서 언급한 구절처럼 '의로운'이라는 술어가 먼저 나오며, 의인은 그렇게 산다는 뜻이다. 이 텍스트에서는 그가 어떻게 의인이 되었는지가 문제되지 않고, 단지 그런 자임을 보여줄 뿐이다.

결론적으로, 하박국 2장 4절은 바울뿐 아니라 쿰란에서도 인용된다. 바울은 의롭게 됨에 초점을 맞추어 "의인은 믿음으로 살 것이다"라고 말하지만, 쿰란은 믿음의 신실함이 어떻게 드러나는지에 더 관심을 둔다. 바울은 믿음의 출발점을 강조하고, 쿰란 텍스트는 믿음의 지속적인 입증을 강조한다. 따라서 두 관점은 서로 보완할 수 있으며, 상호 배타적인 대립을 이루지 않는다.

IX. 세계의 종말과 새 예루살렘

　우리는 이미 앞에서 쿰란 텍스트들에 나타난 메시아 기대에 대해 논의한 바 있다(제VII부). 이제 주목해야 할 것은 세계 종말 자체에 관한 문제, 특히 쿰란의 각 문서에 '임박한 종말'에 대한 기대가 담겨 있는지 여부다.

　쿰란 문서들에 반영된 마지막 때에 대한 기대(종말론)는 일률적이지 않다. 쿰란 공동체가 스스로를 '마지막 세대의 공동체'로 여기고, 하나님 또는 메시아의 강림이 일반적으로 임박했다고 믿었다는 판단은 오해를 불러일으킬 수 있다.

　이에 비해 다음과 같이 말하는 것이 옳다. 쿰란의 여러 문서들에서 마지막 때에 대한 깊은 관심이 드러나며, 요한계시록 21장에 나오는 표상과 매우 유사한 '하늘의 예루살렘'에 대한 묘사도 다수 발견된다. 그러나 이러한 묘사들은 자신들이 바로 메시아가 오실 세대에 속한다는 주장과는 엄격히 구별되어야 한다.

하박국 주석에는 다음과 같은 구절이 있다.

"마지막 때가 연장될 것이니, 선지자들이 말한 모든 것을 훨씬 능가할 것이다. 이는 하나님의 신비가 놀랍기 때문이다."(1QpHab 7:7~8)

물론 하박국 예언은 이 주석에서 절마다 해석되고 재해석되지만, 그렇다고 해서 해석자가 예언적 약속과 마지막 때의 성취라는 고정된 도식을 기계적으로 적용한 것은 아니다.

또한 쿰란 텍스트들에는 이사야, 호세아, 하박국 주석이나 4Q 플로릴레기움(Florilegium: 제1동굴에서 나온 인용문 모음집)에서 '마지막 날들에'라는 표현이 간헐적으로 등장한다. 이 표현은 종종 현재의 세력과 연결되어 사용된다. 예를 들어 하박국 주석에서 이 표현은 '언약의 적대자'와 관련된다. 그러나 앞서 본 것처럼, 이 문서는 실제로 '마지막 때' 자체가 훨씬 더 연장된다고 말한다.

오직 다마스쿠스 문서(CD 4:4)에서만 사독의 아들들, 곧 '선택된 자들'이 '마지막 날들에 나타날 것'이라고 언급된다. 그러나 CD 6:11에 따르면, '의의 교사'는 이미 '마지막 날들에', 즉 과거에 존재했던 인물로 제시된다. 따라서 '마지막 날들에'라는 표현을 과연 일반적인 종말론적 관점에서 이해해야 하는지,

아니면 '지난주'와 같은 시간 부사처럼 세계의 종말과는 무관하게 단순히 '지금, 마지막 날에'라는 뜻으로 보아야 하는지 의문이 제기된다.

결론적으로, 일부 쿰란 문서들은 '마지막 날들'에 대해 언급하지만, 이것이 실제로 세계 종말이 임박했다는 의미인지는 불분명하다.

미래를 향한 임박한 종말 기대를 분명하게 보여주는 경우는, 최근 공개된 문서 4Q 385~386에서만 발견된다. 거기에는 다음과 같은 구절이 있다: "… 날들은 모든 인류가 이렇게 말할 때까지 빠르게 지나갈 것입니다. '이스라엘이 그 땅을 차지할 날이 어서 오지 않습니까?' … 나는 시간을 헤아려 날과 해를 조금이라도 단축하고자 합니다."

또한 데살로니가후서 2장 6~7절에는 '불법자의 출현'을 억제하는 어떤 '무엇' 혹은 '누군가'가 언급된다. 이와 유사하게 1Q 27('비밀의 책')에도 '놀라운 비밀'을 억제하는 사람들이 등장한다. 그러나 차이가 있다. 데살로니가후서에서는 부정적인 것이 억제되지만, 1Q 27에서는 긍정적인 것이 억제된다. 두 본문 모두에서 '억제하는 자'는 구체적인 존재이지만, 그 정체는 다음 단계의 도래를 가로막는 불가사의한 존재로 묘사된다. 그럼에도 전제된 역사 이해는 언어적 세부 사항에 이르기까지 놀라울 만큼 공통적이다.

쿰란 텍스트들에서 '하나님의 나라'는 오직 현재적 의미에서만, 즉 하늘 궁정에서 하나님이 다스리시거나 의인 위에 하나님이 통치하신다는 의미로만 언급된다. 예컨대 4Q 286은 백성 가운데 하나님의 나라를 품은 자를 언급한다. 사람은 정결과 찬양과 같은 기도를 통해 하늘 궁정에 들어갈 수 있다. 그러나 1QM 6:5~6에서는 하나님의 미래 왕권이 군사적 우월성의 관점에서 묘사된다.

"하나님의 심판에 의해 고통당하는 자를 쓰러뜨리기 위해 방패와 칼은 … 그리고 왕적 통치권은 이스라엘의 하나님께 속할 것이며, 그는 자신의 백성인 성도들을 통해 힘을 보이실 것이다."

이는 '성도들'과 '왕적 통치권'의 연결에서 보듯, 다니엘 7장 14~18절에 대한 해석으로 보인다. 같은 구절에 대한 해석이라 하더라도, 마지막에 이스라엘이 왕적 통치권을 받는다고 말할 때는 다소 차이를 보인다(4Q 252 5:3).

하나님의 나라가 장차 도래한다거나 나타날 것이라는 언급은 쿰란 텍스트들 어디에서도 발견되지 않는다. 심지어 사람이 '하늘 나라'에 들어간다는 표현조차 없다. 또한 쿰란 텍스트들

IX. 세계의 종말과 새 예루살렘

에는 하나님의 나라에 관한 비유도 전혀 없다. 이 점에서 예수의 선포와는 중요한 차이를 보인다.

결론적으로, 쿰란 텍스트들에는 직접적인 임박한 종말 기대가 없다. 이는 메시아의 출현에 대한 언급이 전혀 없다는 사실과도 관련된다. 쿰란 텍스트들은 거의 항상 예수와는 전혀 다른 방식으로 하나님의 나라를 말한다.

X. 결론 : 쿰란 텍스트들은 어떤 새로운 것을 제공하는가?

쿰란 텍스트들의 특성

쿰란의 동굴에서 발견된 텍스트들은 통일된 하나의 '작품'을 이루지 않는다. 그것들은 단일한 신학이나 단선적인 신학적 발전을 보여주는 자료가 아니다. 이 문서들은 매우 다양한 내용을 담고 있는 글들의 모음집이다. 여기서 다룬 텍스트들 외에도, 쿰란 동굴에는 거의 모든 성서의 단편들과 신구약 중간기의 문헌들을 포함하는 많은 증언들이 여전히 존재한다. 이들 텍스트는 특히 기원전 1세기 유대인의 종교적, 그리고 정치적인 삶을 이해하는 데 유익한 자료다.

이 텍스트들 안에는 초기 기독교의 직접적인 흔적은 없다. 그럼에도 불구하고 여러 면에서 쿰란 텍스트들이 보여주는 신앙과 실천은 당시의 다른 유대교적 증언들보다 초기 기독교에 더 가까운 모습을 보여준다.

쿰란에 없었던 것들

무엇보다 중요한 점은, 예수의 '하나님의 나라' 개념과 비교할 만한 사상이 쿰란 텍스트들에는 없다는 것이다. 장차 도래할 하나님의 나라에 대한 기대는 보이지 않으며, 하늘에 존재하는 것은 현재적인 하나님 나라뿐이다. 이 나라는 찬양과 기도를 통해 참여되는 공간이며, 열방 가운데 이스라엘이 그 담지자로 이해된다. 다니엘서 7장에 대한 군사적 해석의 암시가 한 구절에서 나타날 뿐이다.

이러한 차이점은 예수의 '하나님의 나라'에 관한 비유들이 쿰란에서는 나타나지 않는 이유를 설명해준다. 바울 서신에서 볼 수 있는 시간 이해, 곧 결정적인 구속은 이미 이루어졌고 장래의 모든 사건은 그 결과라는 인식 역시 쿰란에서는 찾아볼 수 없다.

또한 쿰란 텍스트들에는 예수, 바울, 베드로, 요한 등 카리스마적 인물들에 대한 관심이 없다. 이들은 초기 기독교 문헌에서 전기적 형식으로 등장하지만, 쿰란에서는 에녹과 노아조차도 노아의 탄생 이야기 외에는 전기적 관심에서 멀리 떨어져 있다. 이러한 결여는 쿰란 텍스트들에 하나님 나라 종말론 외에 초기 기독교의 두 번째 기둥인 성령의 은사 강조가 없다는 사실과도 연결된다.

기적 이야기나 귀신 축출에 대한 언급도 존재하지 않는다. 이사야 35장과 61장의 기적은 오직 미래에 대한 기대로 제시될 뿐이다. 오직 아브라함에 관한 이야기의 재현(1Q Gen Apokr 20:28~29)에서만 안수에 의한 치유와 귀신 축출이 나온다. 거기서 아브라함은 파라오에 대해 이렇게 말한다. "그리고 저는 그를 낫게 해 달라고 기도하고 그의 머리에 내 손을 얹으니, 그에게서 재앙이 떠나고 악령이 그에게서 내쫓기며, 그가 낫게 되었습니다." 일부 새로운 텍스트들(예: 4Q 560)에서는 악령에 대항하는 마술적 내용이 보이지만, 그 성공에 대한 서술은 없다.

쿰란 문서들 가운데 유일하게 행악자의 이름이 언급되는 것은 4Q 477이다. '의의 교사'조차 이름 없이 등장한다. 이는 신약에서 '예수가 사랑한 제자'가 이름 없이 등장하는 것과 일면 유사하다. 반면, 초기 기독교에는 다양한 이름들과 구체적 장소들이 풍부히 나타난다. 이러한 '스타일'의 차이는 단순한 문체상의 차이가 아니라, 초기 기독교의 성령 은사주의를 간접적으로 증거한다.

쿰란 문서들에서는 각 공동체에 직접적으로 적용되는 권고나 논증도 거의 보이지 않으며, 서신의 구소를 갖춘 문서도 드물다. 그러나 이웃 사랑보다 형제 사랑(공동체 내부)을 더 자주 언급한다는 점에서 초기 기독교의 서신들과 일정한 공통

X. 결론 : 쿰란 텍스트들은 어떤 새로운 것을 제공하는가?

점을 보인다.

또한 쿰란에는 순교 자체, 순교자 이야기, 그리고 속죄적 죽음에 대한 언급이 전혀 없다. 다만 '속죄'와 '속량'의 연결 개념은 존재한다(예 : 성전 두루마리, 칼럼 63 : "당신이 속량하신 당신의 백성을 속죄하소서").

죽은 자의 일반적 부활에 대한 명확한 언급도 없다. 4Q 521의 내용이 일반 부활을 말하는지, 아니면 특별한 기적을 의미하는지는 아직도 논쟁 중이다(예 : "그가 병든 자를 고치고, 죽은 자를 살릴 것이다").

신약성서와의 주요 접점

쿰란 텍스트들들은 권고문, 미덕과 악덕 목록, 환상 보도 등의 구조를 제공한다. 또한 미드라쉬(성서 해석), 하늘의 예루살렘 묘사, 그리고 역사적 묵시록 역시 존재한다.

신학적으로는 하나님과 인간 사이를 중재하는 존재들(천사, 마귀, 메시아)에 대한 언급이 중요하며, 종말에 대한 이미지들도 나타난다.

실질적으로 가장 중요한 접점은 두 가지 영역이다. 첫째, 초기 기독교가 이스라엘 내의 갱신을 위한 회개 운동으로 자신을 이해했다는 점에서, 일부 쿰란 텍스트들과 분명한 유사성을 보인다. 회개와 세례의 개념, 이원론('빛의 자녀'), 열두 제자 공동체, 광야와 진영이라는 갱신의 장소, 새 언약, '부름 받은 자들' 및 '하나님의 마음에 합한 사람들'에 대한 개념 등이 서로 긴밀하게 일치한다. 또한, 이러한 공동체 안에서 부적합한 자들을 배제하는 규칙 또한 존재한다.

둘째, 바울의 신학, 특히 죄와 은혜, 경건하지 않은 자의 칭의 개념에서도 유사성이 두드러진다(예: 1QH 4:29~31; 7:16~18). 이러한 유사성은 찬송가 안에 집중되어 있으며, 이 장르야말로 당시 유대교 경건의 중심이었다. '은혜로운 선택'과 '부르심'이라는 개념 역시 쿰란과 초기 기독교의 연결 고리를 형성한다.

맺음말

비록 이 책에서는 추리소설에나 어울릴 법한 자극적 요소들을 모두 배제했지만, 우리는 그럼에도 불구하고 지극히 흥미진진한 하나의 이야기를 발견하게 되었다. 그것은 바로, 기독교가 유대교로부터 발생하던 초기 여정의 단계를 추적할 수 있었기 때문이다. 우리는 통상적으로 취해지는 방식보다 더 신중한 접근법을 택함으로써, 쿰란 텍스트들을 '단순한 분파의 문서'로 간주하여 인위적으로 고립시킨 해석으로부터 해방시켰다. 이러한 분파 문헌이라는 분류는, 오히려 해당 문서들에 대한 이해를 차단하고, 그 생명력마저 박제화하는 결과를 낳았다는 인상을 우리는 받게 되었다. 그러나 실제로는, 이 해석들과 기도들, 찬가들과 묵시록들 안에는 예수 시대 유대교의 심장이 고동치고 있는 것이다.

이러한 성격의 유대교로부터 예수가 나왔다. 이 텍스트들은 하나의 경건성을 보여준다. 그것은 하나님의 뜻을 철저히 수행하고, 달력(절기 체계)과 모든 성전 규정을 정밀하게 준수함으로써 세상이 여전히 바로 잡힐 수 있으리라는 기대를 담고 있다. 어딘가에서 완전한 정의가 실천되기만 한다면, 현실은 하나님의 이름 안에서 조화를 이루게 되리라는 믿음. 그럴 때 선과 악, 보상과 벌은 놀라울 정도로, 마치 신호라도 받은 듯이 분명하게 나뉘게 된다. 이러한 환상적인 현실 관계는 초기 기독교의 더 대담한 고백으로 이어진다. 곧 예수 메시아가 한마디 말씀으로 죽은 자를 일으킬 수 있었고, 나아가 그는 세상을 있게 한 '말씀' 그 자체라는 고백이다.

왜냐하면 이제는 더 이상 모든 것이 의로운 자들의 무리에 달려 있는 것이 아니라, 단 하나의 의인만이 존재하며, 그 안에 모든 구원의 완전하고도 헤아릴 수 없는 공동체가 있기 때문이다.

약어 목록

쿰란에서 나온 텍스트들은 (다마스쿠스문서와 쿰란의 성전두루마리를 제외하고) 발견 장소인 동굴 번호를 먼저 아라비아 숫자로 표기하고, 그 다음 항상 Q를 붙인 후 정확한 제목을 기재하는 방식으로 약어화된다.

1Q GenApokr	제1동굴에서 나온 창세기-이야기
1QH	제1동굴에서 나온 찬송두루마리
1QM	제1동굴에서 나온 전쟁두루마리
1QpHab	제1동굴에서 나온 하박국주석
1QS	제1동굴에서 나온 생활규칙서
1QSa	제1동굴에서 나온 공동체규정서
1QSb	제1동굴에서 나온 축복기도문
1Q 27	제1동굴에서 나온 '모세의 말씀들'
4Q flor	제1동굴에서 나온 인용문 모음집
4Q patr	제4동굴에서 나온 족장축도문
4Q Ps 37	제4동굴에서 나온 시편 37편에 대한 미드라쉬(해석)
4Q 숫자	R.H. Eisenman과 M. Wise의 The Dead Sea Scrolls uncovered, 1992에 의한 제4동굴에서 나온 새로 간행된 텍스트들
11Q Melch	제11동굴에서 나온 멜기세덱-소책자
Tempelrolle	쿰란의 성전두루마리